TAROT
Magie im Alltag

Hajo Banzhaf

TAROT

Magie im Alltag

Integral

1. Auflage 2004

Integral Verlag
Integral ist ein Verlag der Verlagsgruppe Random House GmbH

ISBN 3-7787-9135-4

Gestaltung, Satz und Einband: Privatakademie Leonardo, Hamburg
Druck und Bindung: RMO-Druck, München

Es sind magische Augenblicke, in denen ein »Ja« oder ein »Nein« unser ganzes Leben verändern kann.

INHALT

Von den Mamelucken bis zu Aleister Crowley

Im Zeitraffer durch die Tarotgeschichte

Karten sind im Abendland seit dem 14. Jahrhundert bekannt. Nach allem, was wir wissen, waren es zunächst Spielkarten, die aus der islamischen Welt nach Europa kamen. Im letzten Jahrhundert fand man im Topkapi Palast in Istanbul Karten aus jener Zeit, die von den Mamelucken stammen, ursprünglichen Militärsklaven, die aber seit dem 13. Jahrhundert Syrien und Ägypten regierten. Auf diesen Karten sind erstmals die Symbole der vier Sätze zu sehen, die bis heute für Tarot-, aber auch für Spielkarten typisch sind: Schwerter (Pik), Kelche (Herz), Münzen (Karo) sowie Stäbe (Kreuz). Als begeisterte Polospieler hatten die Mamelucken den Poloschläger zum Stabsymbol erhoben. In Europa aber fanden diese vier Serien interessanterweise eine Entsprechung in den vier mittelalterlichen Ständen: Schwerter = Ritter, Münzen = Kaufleute, Kelche = Klerus und Stäbe = Bauern.

Da jeder dieser Sätze aus 10 Zahlenkarten besteht (As bis 10) sowie aus vier Hofkarten (König, Königin, Ritter und Bube), sind es insgesamt 56 Karten, die man heute im Tarot die Kleinen Arkana nennt, das heißt die kleinen Geheimnisse. Erst im 15. Jahrhundert tauchten dann die Karten auf, die für den Tarotkundigen die reichhaltigste und tiefste Bedeutung haben, die Großen Arkana. Dabei handelt es sich um 22 Einzelmotive, über deren Ursprung viel gerätselt wird. Die ältesten uns bekannten Darstellungen stammen von 1428 und wurden von einem unbekannten Künstler für den Mailänder Herzog Filippo Maria Visconti gemalt.

Diese Karten trugen weder Zahl noch Namen, weil damals kaum jemand lesen oder schreiben konnte. Aus diesem Grund war es auch üblich, Wissen

Visconti-Sforza-Tarot

in Bildern anschaulich zu machen und weiterzugeben. So gibt es aus dieser Zeit der Renaissance viele dem Tarot ähnliche Kartensätze, von denen einige von berühmten Künstlern, wie Andrea Martegna oder Albrecht Dürer geschaffen wurden. Der Begriff Tarot war allerdings noch unbekannt. Das italienische Wort Tarocchi (Einzahl Tarocco) taucht erst um 1530 auf, ohne dass überliefert ist, was es ursprünglich bedeutet hat. Bis dahin sprach man von den Trionfi oder dem Spiel der Trümpfe. Und nach allem, was wir wissen, wurde mit diesen Karten vorwiegend, wenn nicht ausschließlich gespielt.

Das typische Erscheinungsbild der Tarotkarten kristallisierte sich vom 16. Jahrhundert an heraus und ist bis heute in den Motiven des Tarots von Marseille zu finden, der in den romanischen Ländern nach wie vor die größte Verbreitung hat.

Für den Tarotdeuter ist es jedoch nicht leicht, die Bedeutung dieser Karten zu erfassen, weil bei diesen frühen Darstellungen die Karten der Kleinen Arkana nicht sehr aussagekräftig illustriert sind. Außer einigen Girlanden zeigen sie – ähnlich wie die heutigen Spielkarten – nicht mehr als das Symbol des jeweiligen Satzes in der Häufigkeit des Wertes der Karte; also drei Stäbe, fünf Kelche, 10 Münzen usw.

Das änderte sich zur Jahreswende 1909/1910, als die Karten erschienen, die heute weltweit die größte Verbreitung haben. Es ist der berühmte Rider-Waite-Tarot, der von Arthur Edward Waite konzipiert und von Pamela Colman Smith künstlerisch umgesetzt wurde. Weil darin auch alle Karten der Kleinen Arkana anschaulich illustriert sind, führt seither ein Bild zur Bedeutung einer jeden Karte, was die Deutung natürlich erheblich erleichtert.

An zweiter Stelle der Popularität steht heute in vielen Ländern der Tarot, dem sich dieses Buch widmet. Er stammt von dem ebenso eigenwilligen wie umstrittenen Aleister Crowley, den viele als Schwarzmagier fürchten und den andere als großen Eingeweihten verehren. Wahrscheinlich liegt hier die Wahrheit – wie so oft – in der Mitte[1]. Sicher ist, dass Crowley ein Mann von hoher Bildung war, der in den esoterischen Traditionen vieler

Tarot von Marseille

[1]Eine ausführlichere Beschreibung finden Sie in: *Akron und Hajo Banzhaf, Der Crowley-Tarot,* S. 207.

Kulturen bewandert war. Dieses umfangreiche Wissen hat er gegen Ende seines Lebens in seine völlig neu gestalteten Tarotkarten einfließen lassen, die er in fünfjähriger Arbeit zusammen mit der Künstlerin Lady Frieda Harris geschaffen hat, und die 1944 erstmals erschienen.

Dieser ungewöhnlich faszinierende Tarot ist nicht nur von auffallender Schönheit, sondern auch von einer einzigartigen Symboltiefe. Das macht diese Karten so ungeheuer ergiebig, wenn man nach tiefen Einsichten und hintergründigen Antworten sucht. Allerdings ist es auch gerade deshalb nicht immer leicht, in der Fülle der Symbole eine einfache Antwort auf alltägliche Fragen zu finden. Das aber ist das Ziel dieses Buchs, das die Bedeutung jeder Karte für die typischen Fragen zeigt, die gern und oft an den Tarot gestellt werden.

Gegenüber älteren Tarots hat der Crowley-Tarot einige Besonderheiten, die vor allem dann irritieren können, wenn man sich zuvor mit anderen Karten befasst hat. Deshalb finden Sie hier eine kurze Gegenüberstellung der Entsprechungen. Crowley nennt die Münzen Scheiben. Innerhalb der Großen Arkana hat er folgende Karten umbenannt:

RIDER-WAITE-TAROT	*CROWLEY-TAROT*
Herrscherin	Kaiserin
Herrscher	Kaiser
Hierophant	Hohepriester
Gerechtigkeit	Ausgleichung
Rad des Schicksals	Glück
Kraft	Lust
Mäßigkeit	Kunst
Gericht	Aeon
Welt	Universum

Zudem hat Crowley die Hofkarten anders benannt, was zu mancher Verwirrung führen kann. Dies sind die Entsprechungen:

RIDER-WAITE-TAROT	CROWLEY-TAROT
Bube	Prinzessin
Ritter	Prinz
Königin	Königin
König	Ritter

Für einige Jahre schien es im Crowley-Tarot drei verschiedene Magier zu geben. Diese »Veränderung« war allerdings nie von Crowley geplant oder gewollt. Zwar wurden auch die beiden »neuen« Magier von Lady Frieda Harris gemalt, entsprachen aber nicht den Vorstellungen Crowleys, weshalb er sie verwarf. Als die Karten in den 80er-Jahren neu fotografiert und herausgegeben wurden, hat man diese beiden zuvor unbekannten Darstellungen entdeckt und mit veröffentlicht, was natürlich zu Konfusionen führte. Inzwischen wurde diese scheinbare Erweiterung auf 80 Karten aber rückgängig gemacht, denn seit 1998 sind die zwei »neuen« Magier wieder aus den Tarotdecks verschwunden.

Wie Sie mit diesem Buch eine Antwort finden

Die 78 Tarotkarten sind in diesem Buch so beschrieben und ihre Bildersprache ist so übersetzt, dass sie auf viele Fragen direkt antworten oder Ihnen praktische Vorschläge machen.

Wenn Sie die Karten befragen möchten, überlegen Sie zunächst, was Sie wissen möchten, und wählen Sie dann aus der folgenden Übersicht die passende Rubrik für Ihre Antwort aus. Bei manchen Fragen können auch mehrere Rubriken in Betracht kommen, aus denen sich die Antwort dann zusammensetzt.

Als magischer Spiegel verheißt diese KARTE *für Ihre Zukunft*
Wenn Sie keine besondere Frage gestellt haben, finden Sie hier einen allgemeinen Ausblick. Ansonsten spiegelt diese Karte die Aussichten für das Thema, das Sie bei Ihrer Frage vor Augen hatten.

In Liebe und Leidenschaft verspricht diese KARTE
Dieses Symbol zeigt die Bedeutung der Karte in Herzensangelegenheiten an.

Als Wink des Schicksals rät diese Karte
Wenn Sie feststecken oder nicht wissen, wo Sie anfangen sollen, finden Sie hier einen Ratschlag, wie Sie etwas lösen können, oder wie Sie vorgehen sollten.

Als Schattenkarte fragt diese KARTE
Wenn Sie die Qualität dieser Karte bislang nur unbewusst gelebt haben, können diese Fragen Sie auf die richtige Fährte führen.

Wenn Sie nach der Ursache eines Problems suchen, fragt Sie diese KARTE

Wenn Sie die Qualität dieser Karte übertrieben gelebt haben, mag sie zur Ursache eines Problems geworden sein. Falls Ihnen diese Antwort nichts sagt, dann lesen Sie die vorhergehende Rubrik, um zu prüfen, ob die Ursache vielleicht im Schattenbereich der Karte liegt.

Als Zauberformel des Tages sagt diese KARTE

Hier finden Sie Affirmationen, mit denen Sie Magie im Alltag erleben können. Falls dort mehrere Sätze stehen, suchen Sie sich den aus, der Ihnen spontan am besten zusagt, und wiederholen Sie diese Zauberformel – laut oder leise – im Laufe des Tages immer wieder.

Sobald Sie sich über Ihre Frage im Klaren sind, können Sie »loslegen«. Falls Sie Karten zur Hand haben, sollten Sie diese mischen, verdeckt vor sich ausbreiten und dann spontan mit der linken Hand eine Karte ziehen. Die Antwort, die sie Ihnen gibt, können Sie dann in diesem Buch nachlesen.

Falls Sie keine Karten griffbereit haben, gibt es zwei andere Arten, dieses Buch zu nutzen:

a) als Losbuch, indem Sie es einfach spontan aufschlagen und in der so gefundenen Karte die Antwort finden

b) als Handorakel. Dazu sollten Sie sich zunächst für den »richtigen« Finger entscheiden, das heißt für denjenigen, der am besten zu Ihrer Frage passt. In der Chirologie, der Handlesekunst, haben die Finger folgende Bedeutungen:

ZEIGEFINGER = Jupiterfinger (Erfolg, Wachstum, Glück) = Allgemeine Fragen
MITTELFINGER = Saturnfinger (Pflicht und Verantwortung) = berufliche Fragen
RINGFINGER = Apollonfinger (Schönheit, Liebe) = Fragen zu Liebe und Beziehung
KLEINER FINGER = Merkurfinger (Cleverness, Geschäftstüchtigkeit) = Fragen zu geschäftlichen Dingen

Schließen Sie dann die Augen und lassen Sie die linke Hand über die nächste Seite wandern, während Sie an Ihre Frage denken. Sobald Ihre Hand stehen bleibt, öffnen Sie die Augen und schauen, auf welcher Zahl die Kuppe des betreffenden Fingers steht. Es ist die Seitenzahl der Karte, die Ihnen die Antwort gibt. Sollte Ihre Fingerspitze zwei Zahlen berühren, so finden Sie die Hauptantwort bei der Karte, deren Seitenzahl hauptsächlich bedeckt ist,

Schönheit, Liebe =
Fragen nach Liebe und Beziehung

Pflicht und Verantwortung =
Berufsfragen

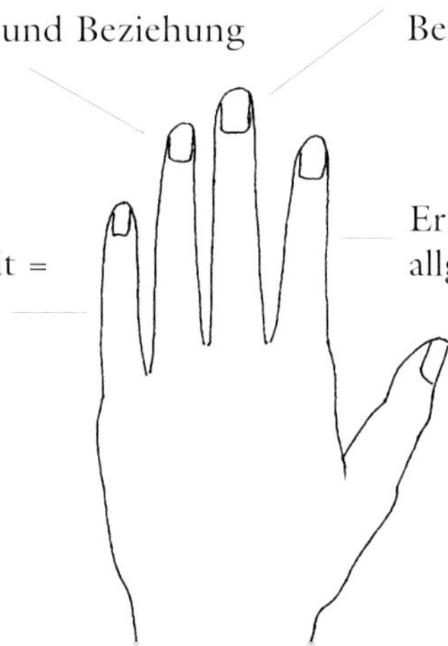

Cleverness,
Geschäftstüchtigkeit =
Fragen nach
Geschäften

Erfolg, Wachstum, Glück =
allgemeine Fragen

während Ihnen die zweite Karte eine zusätzliche, ergänzende Information gibt. Wenn sich Ihr Finger außerhalb des Zahlenfeldes befindet, überdenken Sie Ihre Frage noch einmal und stellen Sie diese dann erneut.

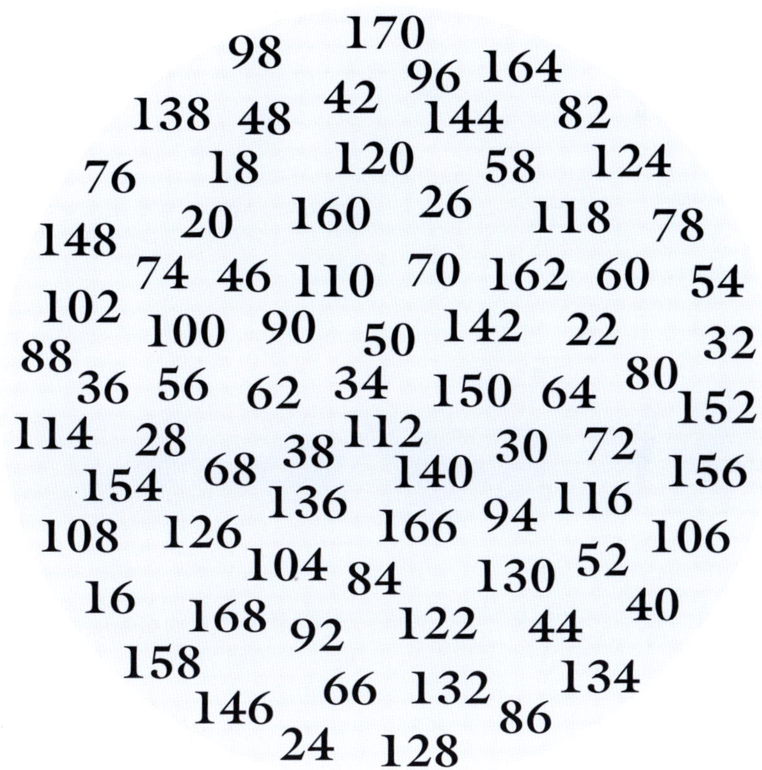

Der Narr

Wer etwas haben möchte, das er noch nie hatte, wird etwas tun müssen, das er noch niemals tat.

Nossrat Peseschkian

OFFENHEIT

Als magischer Spiegel verheißt Der Narr *für Ihre Zukunft*
Chaotische Zeiten. Vielleicht geht erst einmal alles drunter und drüber, aber dann finden Sie zu einem guten Neubeginn, bei dem wieder alles offen ist.

In Liebe und Leidenschaft verspricht Der Narr
Verrückte Zeiten. Wundern Sie sich nicht, wenn Sie plötzlich Dinge tun, die für Sie bislang unvorstellbar waren.

Als Wink des Schicksals rät Der Narr
zum Neuanfang. Wenn sich im Moment etwas im Chaos auflöst, dann lassen Sie es einfach geschehen. Am besten fangen Sie noch einmal bei Null an.

Als Schattenkarte fragt Der Narr
Warum tue ich nur noch »Wichtiges«? Wo ist meine Freude am Spielen und Ausprobieren geblieben?

Wenn Sie nach der Ursache eines Problems suchen, fragt Sie Der Narr
Könnte es sein, dass Sie zu chaotisch waren oder einfach nicht wussten, was oder wohin Sie wirklich wollen?

Als Zauberformel des Tages sagt Der Narr
Ich genieße meine Narrenfreiheit.
Ich probiere es einfach aus.

Der Magier

Wer in einer Kunst zum Meister geworden ist, braucht keine Regeln mehr.

Arturo Graf

GENIALITÄT

Als magischer Spiegel verheißt Der Magier *für Ihre Zukunft*
Erfolg. Wenn Sie weiter so leicht und elegant mit den Möglichkeiten spielen und genügend Initiative zeigen, werden Sie gewiss Erfolg haben.

In Liebe und Leidenschaft verspricht Der Magier
Liebeszauber. Lassen Sie Ihren Charme spielen. Jetzt können Sie leicht ein Herz für sich gewinnen.

Als Wink des Schicksals rät Der Magier
zur Aktivität. Ergreifen Sie jetzt die Initiative. Vertrauen Sie auf Ihr Geschick und meistern Sie eine Herausforderung ganz souverän.

Als Schattenkarte fragt Der Magier
Warum traue ich mir so wenig zu? Warum kann ich nicht eindeutig sein und initiativ werden?

Wenn Sie nach der Ursache eines Problems suchen, fragt Sie
Der Magier
Könnte es sein, dass Sie einfach zu forsch, zu direkt und lässig waren? Oder haben Sie den Zauberlehrling gespielt?

Als Zauberformel des Tages sagt Der Magier
Ich erreiche mein Ziel mit leichter Hand.
Ich meistere meine Aufgaben souverän.

Die Hohepriesterin

Nur der Schwache wappnet sich mit Härte. Wahre Stärke kann sich Toleranz, Verständnis und Güte leisten.

Tilly Boesche-Zacharowski

SPÜRSINN

Als magischer Spiegel verheißt Die Hohepriesterin *für Ihre Zukunft* den richtigen Riecher. Sie werden zum rechten Zeitpunkt am rechten Ort sein – vielleicht ohne zu wissen, wie Sie dorthin kamen – und dann das Richtige tun.

In Liebe und Leidenschaft verspricht Die Hohepriesterin Seelenverwandtschaft. Sie können sich wortlos verstehen, so als würden Sie sich schon seit Ewigkeiten kennen, und ein geheimnisvolles Band hält sie zusammen.

Als Wink des Schicksals rät Die Hohepriesterin
Gedulden Sie sich. Noch ist die Zeit des Bebrütens. Lassen Sie die Dinge geschehen und vertrauen Sie Ihrer inneren Stimme, die Ihnen ganz gewiss sagen wird, wann und wie Sie reagieren oder eingreifen sollen.

Als Schattenkarte fragt Die Hohepriesterin
Warum höre ich meine innere Stimme nicht mehr? Warum misstraue ich meiner Intuition?

Wenn Sie nach der Ursache eines Problems suchen, fragt Sie Die Hohepriesterin
Könnte es sein, dass Sie zu verständnisvoll und nachsichtig waren? Oder wirkten Sie vielleicht zu verträumt und ungreifbar?

Als Zauberformel des Tages sagt Die Hohepriesterin
Ich lasse mich führen.
Ich lasse mich ein und gebe mich hin.

Die Kaiserin

Wir sollten den Kosmos nicht mit den Augen des Rationalisierungsfachmannes betrachten. Verschwenderische Fülle gehört seit jeher zum Wesen der Natur.

Albert Einstein

FRUCHTBARKEIT

Als magischer Spiegel verheißt Die Kaiserin *für Ihre Zukunft*
Wachstum und Fülle. Jetzt kommt die Zeit, in der die Saat aufgeht und etwas heranwächst und gedeiht, auf das Sie womöglich schon lange gewartet haben.

In Liebe und Leidenschaft verspricht Die Kaiserin
Milch und Honig. Genießen Sie Zärtlichkeit, kuschelige Wärme und Geborgenheit und verwöhnen Sie sich gegenseitig. Vielleicht wärmen Sie das Nest ja auch schon für den Nachwuchs vor?

Als Wink des Schicksals rät Die Kaiserin
Nehmen Sie sich genügend Zeit und wagen Sie ruhig etwas. Sie dürfen darauf vertrauen, dass die Natur mit ihrer unerschöpflichen Lebenskraft und Kreativität auf Ihrer Seite ist.

Als Schattenkarte fragt Die Kaiserin
Warum bin ich unfruchtbar geworden? Wo ist meine Lebendigkeit geblieben?

Wenn Sie nach der Ursache eines Problems suchen, fragt Sie
Die Kaiserin
Könnte es sein, dass Sie zu gluckenhaft waren und andere an Ihrer Fürsorge fast erstickten? Oder haben Sie zu launisch und wankelmütig gewirkt?

Als Zauberformel des Tages sagt Die Kaiserin
Ich bin fruchtbar und bringe das Neue zur Welt. Ich wachse und lasse der Natur ihre Zeit.

Der Kaiser

Nicht das Beginnen wird belohnt, sondern einzig und allein das Durchhalten.

Katharina von Siena

BEHARRLICHKEIT

Als magischer Spiegel verheißt Der Kaiser *für Ihre Zukunft*
konkrete Ergebnisse. Wenn Sie schon länger auf ein Resultat gewartet haben, über einem Plan brüten oder hart an einem Projekt arbeiten, werden Sie jetzt ein gutes Stück weiterkommen, wenn nicht sogar zum Abschluss.

In Liebe und Leidenschaft verspricht Der Kaiser
Stabilität und einen sicheren Rahmen. Merken Sie, wie jetzt die Basis Ihrer Beziehung wächst? Vertrauen Sie darauf und planen Sie langfristig.

Als Wink des Schicksals rät Der Kaiser
zur Standhaftigkeit. Machen Sie jetzt Nägel mit Köpfen. Gehen Sie entschlossen vor und bleiben Sie am Ball, bis Sie das Ziel erreicht haben.

Als Schattenkarte fragt Der Kaiser
Wo ist meine Konsequenz geblieben? Warum verliere ich immer wieder den roten Faden?

Wenn Sie nach der Ursache eines Problems suchen, fragt Sie
Der Kaiser
Könnte es sein, dass Sie zu kantig und direkt aufgetreten sind? Oder waren Sie vielleicht zu sehr von sich selbst überzeugt?

Als Zauberformel des Tages sagt Der Kaiser
Ich folge dem roten Faden.
Ich verwirkliche meine Pläne jetzt.

Der Hohepriester

Niemals tut der Mensch das Böse so vollkommen und fröhlich, als wenn er es aus religiöser Überzeugung tut.

Blaise Pascal

SINNFINDUNG

Als magischer Spiegel verheißt DER HOHEPRIESTER *für Ihre Zukunft* eine sinnvolle Erfahrung. Entweder geht Ihnen in einer unklaren Angelegenheit ein Licht auf und Sie verstehen plötzlich, wozu das Ganze gut ist, oder aber Sie beginnen etwas Neues, das sehr sinnvoll ist.

In Liebe und Leidenschaft verspricht DER HOHEPRIESTER
tiefes Vertrauen. Öffnen Sie sich und gehen Sie aufeinander zu. Auf Ihrer Verbindung liegt ein Segen.

Als Wink des Schicksals rät DER HOHEPRIESTER
zu gesundem Gottvertrauen. Sie haben allen Grund zum Optimismus. Sie können jetzt den tieferen Sinn Ihrer Situation verstehen. Suchen Sie danach und behalten Sie ihn vor Augen.

Als Schattenkarte fragt DER HOHEPRIESTER
An was glaube ich eigentlich noch? Warum erscheint mir das Leben oft so sinnlos?

Wenn Sie nach der Ursache eines Problems suchen, fragt Sie DER HOHEPRIESTER
Könnte es sein, dass Sie zu schwülstig und pathetisch aufgetreten sind? Oder waren Sie sich vielleicht zu fein und wirkten arrogant?

Als Zauberformel des Tages sagt DER HOHEPRIESTER
Ich tue das Sinnvolle.
Ich vertraue auf die göttliche Führung.

Die Liebenden

Menschen sind Engel mit einem Flügel – nur wenn sie sich umarmen, können sie fliegen.

Luciano de Crescenzo

HERZENSWAHL

Als magischer Spiegel zeigen DIE LIEBENDEN *für Ihre Zukunft*
eine ideale Konstellation. Vor Ihnen liegt eine harmonische Zeit, in der alles bestens zusammenfindet und sich verbindet.

In Liebe und Leidenschaft versprechen Ihnen DIE LIEBENDEN
Amors Pfeile. Entweder hängt Ihr Himmel bald voller Geigen oder Sie sind schon auf dem Weg zum Traualtar. In jedem Fall dürfen Sie sich auf einen Liebesfrühling freuen.

Als Wink des Schicksals raten DIE LIEBENDEN
Hören Sie auf Ihr Herz. Tun Sie sich nur mit den Menschen zusammen und lassen Sie sich nur auf die Ideen und Vorschläge ein, bei denen Sie mit ganzem Herzen dabei sind.

Als Schattenkarte fragen DIE LIEBENDEN
Warum überhöre ich so oft die Stimme meines Herzens? Warum bin ich so halbherzig und unverbindlich?

Wenn Sie nach der Ursache eines Problems suchen, fragen Sie DIE LIEBENDEN
Könnte es sein, dass Sie nicht erkannt haben, wie alles eigentlich gut zusammenpasste? Oder war es Ihnen einfach zu verbindlich und fürchteten Sie um Ihre Freiheit?

Als Zauberformel des Tages sagen DIE LIEBENDEN
Ich lasse mich aus vollem Herzen ein.
Ich verbünde mich.

Der Wagen

Nur aufs Ziel zu sehen, verdirbt die Lust am Reisen.

Friedrich Rückert

AUFBRUCH

Als magischer Spiegel zeigt Der Wagen *für Ihre Zukunft*
eine große Reise. Sei es, dass Sie tatsächlich verreisen oder anderweitig zu neuen Ufern aufbrechen: Vor Ihnen liegt eine herrliche, ereignisreiche Zeit, mit spannenden Herausforderungen und unvergesslichen Höhepunkten.

In Liebe und Leidenschaft verspricht Ihnen Der Wagen
einen freudigen Aufbruch. Sie haben einen interessanten Weg vor sich, auf dem Sie sympathischen Menschen begegnen werden, mit denen Sie sich aktiv verbinden können.

Als Wink des Schicksals rät Der Wagen
zu einer inneren Reise. Bringen Sie sich und Ihr Ziel oder Vorhaben zunächst innerlich in Übereinstimmung. Beschreiten Sie den Weg in einer Meditation, bevor Sie ihn tatsächlich betreten.

Als Schattenkarte fragt Der Wagen
Was hindert mich, meinen Weg zu gehen? Was macht mich blind für meine Ziele?

Wenn Sie nach der Ursache eines Problems suchen, fragt Sie
Der Wagen
Könnte es sein, dass Sie zu ungeduldig sind? Oder waren Sie zu zielfixiert und haben den Weg darüber aus den Augen verloren?

Als Zauberformel des Tages sagt Der Wagen
Mein Ziel zieht mich an.
Ich breche jetzt auf und lasse mich führen.

Ausgleichung

Das Leben gleicht einem Piano. Was es dir gibt, hängt davon ab, wie du es spielst.

Verfasser unbekannt

AUSGEWOGENHEIT

Als magischer Spiegel verheißt die AUSGLEICHUNG *für Ihre Zukunft* Gleichgewicht. Die Dinge kommen ins rechte Lot. Jetzt erleben Sie das Echo, das Sie durch Ihre Impulse und Initiativen hervorgerufen haben.

In Liebe und Leidenschaft verspricht die AUSGLEICHUNG
Ebenbürtigkeit. Jetzt geht es nicht so sehr um heiße Leidenschaft, sondern um die Spielregeln einer fairen und gleichberechtigten Beziehung.

Als Wink des Schicksals rät die AUSGLEICHUNG
zur Fairness. Machen Sie sich bewusst, dass es sich nicht auszahlen wird, andere zu übervorteilen. Zu guter Letzt ernten Sie stets die Früchte Ihres Tuns.

Als Schattenkarte fragt die AUSGLEICHUNG
Erkenne und übernehme ich wirklich Verantwortung für alles, was mir passiert? Oder schiebe ich Schuld lieber auf andere?

Wenn Sie nach der Ursache eines Problems suchen, fragt Sie die
AUSGLEICHUNG
Könnte es sein, dass Sie zu kühl und distanziert geblieben sind? Oder waren Sie vielleicht zu berechnend?

Als Zauberformel des Tages sagt die AUSGLEICHUNG
Ich stehe zu meiner Verantwortung.
Ich gleiche aus.

Der Eremit

Weisheit stellt sich nicht immer mit dem Alter ein.
Manchmal kommt das Alter auch ganz allein.

Jeanne Moreau

WEISHEIT

Als magischer Spiegel zeigt Der Eremit *für Ihre Zukunft*
tiefe Einsichten. Sie werden wichtigen Themen auf den Grund kommen und sich dadurch auch selbst immer besser verstehen.

In Liebe und Leidenschaft verspricht Ihnen Der Eremit
Jetzt wird es ernst. Es ist nicht mehr die Zeit, mit der Liebe zu spielen. Ziehen Sie sich zurück, bis Sie kristallklar wissen, was Ihnen wirklich wichtig ist. Gestalten Sie Ihre Beziehung und bleiben Sie sich dabei treu.

Als Wink des Schicksals rät Der Eremit
zur Ernsthaftigkeit. Gehen Sie in Klausur und klären Sie für sich, was Sie wirklich wollen. Dann können Sie eindeutig handeln und Ihr Ziel gut erreichen.

Als Schattenkarte fragt Der Eremit
Warum kenne ich mich nur vom Hörensagen? Wieso verbiege ich mich ständig, statt mir treu zu bleiben?

Wenn Sie nach der Ursache eines Problems suchen, fragt Sie Der Eremit
Könnte es sein, dass Sie zu ernst und unflexibel waren? Oder haben Sie sogar schrullig und sonderlich gewirkt?

Als Zauberformel des Tages sagt Der Eremit
Ich nehme mich ernst und stehe zu mir.
Ich bleibe mir treu und tue, was ich wirklich will.

Glück

Vergangenes und Zukünftiges kann man sich wohl wünschen,
Gegenwärtiges aber kann man nutzen.

Francesco Petrarca

ZEITQUALITÄT

Als magischer Spiegel verheißt das GLÜCK *für Ihre Zukunft*
Die Zeit ist günstig. Jetzt greifen die Räder richtig ineinander und sorgen für gute Entwicklungen.

In Liebe und Leidenschaft verspricht das GLÜCK
glückliche Zeiten. Jetzt geht es rund, weil alles so gut zueinander passt.

Als Wink des Schicksals rät das GLÜCK
Die Zeit ist gekommen. Machen Sie etwas daraus. Was immer Sie vielleicht schon lange vor sich hergeschoben haben, lässt sich jetzt mit leichter Hand erledigen.

Als Schattenkarte fragt das GLÜCK
Wie oft lasse ich günstige Zeiten verstreichen oder versuche zur Unzeit etwas zu erzwingen?

Wenn Sie nach der Ursache eines Problems suchen, fragt Sie das GLÜCK
Könnte es sein, dass Sie es einfach zur falschen Zeit versucht haben? Oder wollten Sie etwas tun und erreichen, das eigentlich gar nicht zu Ihren Aufgaben und Zielen gehört?

Als Zauberformel des Tages sagt das GLÜCK
Ich stelle mich meiner Aufgabe und meistere sie.
Ich tue alles zu seiner Zeit.

Lust

Ohne das Tier in uns sind wir kastrierte Engel.

Hermann Hesse

LEIDENSCHAFT

Als magischer Spiegel verheißt die Lust *für Ihre Zukunft*
beflügelnde Kräfte. Sie können mit ganzer Hingabe und voller Lust das Leben genießen oder sich auf eine heiße Sache einlassen.

In Liebe und Leidenschaft verspricht die Lust
zauberhafte Höhepunkte. Jetzt können Sie aus dem Vollen schöpfen und sich von der Lust in den siebten Himmel feuern lassen.

Als Wink des Schicksals rät die Lust
zur Hemmungslosigkeit. Jetzt sind Ihre »drei tollen Tage«. Lassen Sie Ihren Wünschen und Sinnen, Ihrer Lust und Leidenschaft freien Lauf.

Als Schattenkarte fragt die Lust
Wie lange habe ich die Glut der Leidenschaft nicht mehr gespürt? Warum ist meine Lebenslust versiegt?

Wenn Sie nach der Ursache eines Problems suchen, fragt Sie die Lust
Könnte es sein, dass Sie zu lustgesteuert waren oder mit Ihrem überschäumenden Temperament einfach über alle Grenzen hinweggefegt sind?

Als Zauberformel des Tages sagt die Lust
Ich will alle Tage meines Lebens leben.
Ich liebe die Lust.

Der Gehängte

Leiden ist leichter als Lösen.

Bert Hellinger

STILLSTAND

Als magischer Spiegel zeigt Der Gehängte *für Ihre Zukunft*
Ohnmacht. Sie werden festsitzen und so lange nicht weiterkommen, bis Sie in eine Richtung gehen, in die Sie eigentlich gar nicht wollten.

In Liebe und Leidenschaft warnt Sie Der Gehängte
vor einer Zwickmühle. Passen Sie auf, dass Sie sich nicht in ein Dilemma verstricken. Im Zweifelsfall sollten Sie nicht länger auf Ihrem Recht oder einem Grundsatz beharren.

Als Wink des Schicksals rät Der Gehängte
zur Umkehr. Greifen Sie nicht länger nach jedem Strohhalm. Lassen Sie los, auch wenn Sie befürchten, dass dann alles schief geht. Sie werden sehen, dass ein Opfer Sie heilt.

Als Schattenkarte fragt Der Gehängte
Wo klebe ich unbeweglich am Alten und verschließe meine Augen vor längst überfälligen Einsichten?

Wenn Sie nach der Ursache eines Problems suchen, fragt Sie
Der Gehängte
Könnte es sein, dass Sie in die Opferrolle geflüchtet sind, oder dass Sie sich lieber ohnmächtig fühlten statt etwas zu verändern?

Als Zauberformel des Tages sagt Der Gehängte
Ich kehre um.
Ich wachse in die Tiefe.

Tod

Der Tod nimmt alles weg, was du nicht bist.

Eckhart Tolle

LOSLASSEN

Als magischer Spiegel verheißt der Tod *für Ihre Zukunft*
Transformation. Jetzt muss eine alte Wirklichkeit zu Grunde gehen, damit eine neue entstehen kann.

In Liebe und Leidenschaft sagt Ihnen der Tod
Es ist Zeit, zu gehen. Eine Phase ist zu Ende. Versuchen Sie nicht an alten Strukturen festzuhalten. Nur so werden Sie frei für das Neue, das werden will.

Als Wink des Schicksals rät der Tod
zum Loslassen. Etwas hat sich totgelaufen. Lassen Sie es zurück und gehen Sie durch das Tor, hinter dem sich die Kraft sammelt, die etwas Neues und Gesundes entstehen lassen will.

Als Schattenkarte fragt der Tod
Welcher tief greifenden Wandlung stelle ich mich in den Weg? Vor welchem Abschied fürchte ich mich?

Wenn Sie nach der Ursache eines Problems suchen, fragt der Tod
Haben Sie vielleicht versucht, etwas Verdorbenes am Leben zu erhalten oder wieder zu beleben?

Als Zauberformel des Tages sagt der Tod
Ich nehme Abschied und gesunde.
Was ich zutiefst bin, wurde nicht geboren, noch kann es sterben.

Kunst

Nur das, was einer wirklich ist, hat heilende Kraft.

Carl Gustav Jung

HEILUNG

Als magischer Spiegel verheißt die Kunst *für Ihre Zukunft*
gutes Geschick. Sie werden selbst in verzwickten Angelegenheiten das notwendige Fingerspitzengefühl haben, Konflikte zu lösen oder die Dinge ins Lot zu bringen.

In Liebe und Leidenschaft verspricht die Kunst
eine starke Faszination. Sie werden mit Spannung und Freude erleben, wie die Gegensätze zueinander finden und sich friedlich, freudig, liebevoll und innig miteinander verbinden.

Als Wink des Schicksals rät die Kunst
Versuchen Sie das Unmögliche. Sie können jetzt eine Lösung finden, an die Sie wahrscheinlich schon nicht mehr geglaubt haben. Aber vielleicht müssen Sie dazu genau das Gegenteil von dem tun, was Sie bisher versucht haben.

Als Schattenkarte fragt die Kunst
Warum bleibe ich immer in Konflikten stecken, statt sie zu lösen?
Was lässt mich so oft in Extreme geraten?

Wenn Sie nach der Ursache eines Problems suchen, fragt Sie die Kunst
Könnte es sein, dass Sie gemauschelt haben und man Sie für einen Scharlatan hält? Oder sind Sie einfach an der Unvereinbarkeit gescheitert?

Als Zauberformel des Tages sagt die Kunst
Ich vertraue meinem inneren Heiler.
Ich werde das Werk vollbringen.

Der Teufel

Wo die Perle ist, ist immer auch der Drachen, und wo der Drachen ist, ist immer eine Perle.

Marie-Louise von Franz

SCHATTENWELT

Als magischer Spiegel zeigt Der Teufel *für Ihre Zukunft*
zunächst alles schwarz. Aber wenn Sie achtsam sind, werden Sie merken, dass genau in dieser Zeit der Keim des Neuen liegt und das Licht geboren wird.

In Liebe und Leidenschaft verspricht Ihnen Der Teufel
verbotene Leidenschaften. Ob Sie »nur« in der Fantasie oder wirklich im Geheimen die Grenzen überschreiten, Sie werden der schönen Sünde kaum widerstehen können.

Als Wink des Schicksals rät Der Teufel
zur Geduld. Vielleicht ist derzeit wirklich keine Lösung in Sicht. Dennoch sollten Sie darauf vertrauen, dass gerade jetzt das Neue entsteht. Hüten Sie sich davor, etwas zu tun, das Sie später bereuen könnten.

Als Schattenkarte fragt Der Teufel
Will ich vielleicht zu oft zu gut sein und übertünche ich damit meine dunklen Motive? Welcher Verstrickungen bin ich mir nicht bewusst?

Wenn Sie nach der Ursache eines Problems suchen, fragt Sie
Der Teufel
Könnte es sein, dass Sie etwas getan haben, was Sie eigentlich nicht wollten? Oder haben Sie das Dunkle verkannt und nicht verstanden, dass die Mitternacht der Beginn des neuen Tages ist?

Als Zauberformel des Tages sagt Der Teufel
Aus der Dunkelheit wird das Licht geboren.
Wer sündigt, schläft nicht.

Der Turm

Die gefährlichste Sache der Welt ist das Überqueren eines Abgrundes in zwei Schritten.

Arno Schmidt

UMBRUCH

Als magischer Spiegel zeigt Der Turm *für Ihre Zukunft*
einen Durchbruch. Sie verlassen ein viel zu enges Umfeld. Auch wenn Sie der Übergang jetzt aufwühlen mag, werden Sie diesen Schritt rückblickend als Befreiung betrachten.

In Liebe und Leidenschaft warnt Sie Der Turm
vor Turbulenzen. Wahrscheinlich bleibt zunächst kein Stein auf dem anderen. Wenn Sie sich danach nicht aus dem Staub machen, können Sie mit dem Neuaufbau beginnen. Dann war das Ganze ein reinigendes Fegefeuer.

Als Wink des Schicksals rät Der Turm
Sprengen Sie den Rahmen. Brechen Sie aus dem Gefängnis aus. Lassen Sie das Alte untergehen und richten Sie den Blick auf eine neue Vision.

Als Schattenkarte fragt Der Turm
Wie lange sitze ich schon auf einer Bombe? Vor welchem tiefen Rumoren habe ich Angst?

Wenn Sie nach der Ursache eines Problems suchen, fragt Sie
Der Turm
Könnte es sein, dass Sie zu destruktiv waren oder haben Sie vielleicht einen Krieg vom Zaun gebrochen?

Als Zauberformel des Tages sagt Der Turm
Ich breche aus.
Ich entrümpele meine Welt.

Der Stern

Auf alle Fälle führt die Hoffnung weiter als die Furcht.

Ernst Jünger

NEUE HOFFNUNG

Als magischer Spiegel zeigt DER STERN *für Ihre Zukunft* wunderbare Aussichten. Schon bald wird der Vorhang aufgehen und Ihnen neue Perspektiven zeigen, auf die Sie dankbar zugehen.

In Liebe und Leidenschaft verspricht Ihnen DER STERN einen neuen Stern. Ob Sie sich neu verlieben oder über einer alten Liebe ein neuer Stern aufgeht; wenn Sie dafür die Augen öffnen, liegt in jedem Fall eine wunderbare Zukunft vor Ihnen.

Als Wink des Schicksals rät DER STERN zur Zuversicht. Setzen Sie auf langfristige Ziele und vertrauen Sie darauf, dass Sie sie erreichen werden. Die Sterne stehen günstig.

Als Schattenkarte fragt DER STERN
Warum zerstört mein innerer Pessimist immer wieder mein Vertrauen in die Zukunft? Warum fehlt es mir an Weitblick?

Wenn Sie nach der Ursache eines Problems suchen, fragt Sie DER STERN
Könnte es sein, dass Sie zu sehr mit der Zukunft beschäftigt waren und darüber das Hier und Jetzt aus den Augen verloren haben?

Als Zauberformel des Tages sagt DER STERN
Ich folge meinem Stern.
Ich glaube an meine Zukunft.

Der Mond

Angst vor morgen kommt immer einen Tag zu früh.

Phil Bosmans

ANGSTSCHWELLE

Als magischer Spiegel zeigt Der Mond *für Ihre Zukunft*
einen Tunnel. Rechnen Sie mit einem Engpass oder einem dunklen Streckenabschnitt, aber lassen Sie sich davon nicht abschrecken. Es lohnt sich, diese Schwelle zu überschreiten.

In Liebe und Leidenschaft warnt Sie Der Mond
vor ungestillten Sehnsüchten und Irritationen. Sie stehen im Dunkeln und wissen nicht, ob Sie Ihren Wünschen folgen sollen oder auf Ihre Ängste hören müssten. Überstürzen Sie nichts, aber gehen Sie Ihren Weg Schritt für Schritt.

Als Wink des Schicksals rät Der Mond
zur Vorsicht. Sie haben eine Gratwanderung vor sich und könnten ausrutschen. Deshalb haben Sie wahrscheinlich Angst. Lassen Sie sich nicht vom Weg abbringen, aber setzen Sie Ihre Schritte äußerst sorgsam.

Als Schattenkarte fragt Der Mond
Warum fürchte ich mich vor dem Dunkeln? Vor welcher Schwelle scheue ich zurück?

Wenn Sie nach der Ursache eines Problems suchen, fragt Sie
Der Mond
Könnte es sein, dass Sie sich verirrt haben, weil Sie vom Weg abgekommen sind? Oder hatten Sie einfach zu viel Angst?

Als Zauberformel des Tages sagt Der Mond
Ich folge dem Licht am Ende des Tunnels.
Ich überschreite besonnen die Schwelle der Angst.

Die Sonne

Sei du selbst. Wer würde sich besser dazu eignen?

Verfasser unbekannt

LEBENDIGKEIT

Als magischer Spiegel verheißt Die Sonne *für Ihre Zukunft*
Leichtigkeit. Vor Ihnen liegt eine herrliche Zeit wie ein wunderbarer Sommer. Genießen Sie dieses Glück aus vollem Herzen.

In Liebe und Leidenschaft verspricht Die Sonne
Einswerdung und sorgloses Glück. Spielen Sie das Spiel der Liebe unbekümmert und nach Herzenslust. Verschmelzen Sie und lassen Sie sich auf die höchsten Gipfel tragen.

Als Wink des Schicksals rät Die Sonne
zur Versöhnung. Jetzt können Sie innere und äußere Spannungen oder Widersprüche überwinden und etwas erreichen oder verwirklichen, das Sie glücklich macht.

Als Schattenkarte fragt Die Sonne
Wie fremd bin ich mir bis heute geblieben? Wo habe ich meine Lebensfreude verloren?

Wenn Sie nach der Ursache eines Problems suchen, fragt Sie
Die Sonne
Könnte es sein, dass Sie sich zu sehr in den Vordergrund gedrängt haben oder zu oberflächlich geblieben sind?

Als Zauberformel des Tages sagt Die Sonne
Ich gönne mir und anderen Gutes.
Ich bin glücklich und dankbar, (wieder) lebendig zu sein.

Das Aeon

Das Leben ist gnädig; jeden Augenblick schenkt es uns einen neuen Anfang.

Gustav Meyrink

NEUE ZUKUNFT

Als magischer Spiegel verheißt das AEON *für Ihre Zukunft*
eine neue Ära. Sie können erleichtert aufatmen. Das Alte ist vergangen und eine weite, aussichtsreiche Zukunft hat soeben für Sie begonnen.

In Liebe und Leidenschaft verspricht das AEON
einen Neubeginn. Sie haben lange genug gebrütet. Nun kommt endlich das Neue zur Welt, sei es dass sich Ihre alte Beziehung verjüngt oder Sie sich in einer neuen, zukunftsreichen Verbindung wieder finden.

Als Wink des Schicksals rät das AEON
zu einem bedeutenden Schritt nach vorn. Lassen Sie das Alte hinter sich und konzentrieren Sie sich voll und ganz auf das Neue, damit es wächst und gedeiht.

Als Schattenkarte fragt das AEON
Warum bringe ich nichts Neues hervor? Warum weiche ich der Zukunft aus?

Wenn Sie nach der Ursache eines Problems suchen, fragt Sie das AEON
Könnte es sein, dass Sie zu sehr mit der Zukunft beschäftigt waren? Oder haben Sie dem Neuen, das erst noch behutsam gedeihen muss, nicht ausreichend Zeit und Raum gegeben?

Als Zauberformel des Tages sagt das AEON
Heute beginnt für mich ein neues Zeitalter, das die dunklen Schatten verschwinden lässt.
Ich bin dankbar, dass das Neue zur Welt kommt.

Das Universum

Es ist die Kraft eines guten Wunsches, die uns zum rechten Ort führt.

Maung Tun Kyaing

EINKLANG

Als magischer Spiegel verheißt Das Universum *für Ihre Zukunft* Lebensfreude. Sie werden ein wichtiges Ziel erreichen und tief zufrieden und glücklich sein.

In Liebe und Leidenschaft verspricht Das Universum
einen Freudentanz. Was Sie sich schon oft erträumten, aber kaum für möglich hielten, kann jetzt wahr werden. Sie können einen Graben überwinden und mit dem/der Richtigen in wunderbarer Weise zusammenkommen.

Als Wink des Schicksals rät Das Universum
zur Aussöhnung. Lassen Sie alte Widersprüche und Konflikte hinter sich und freuen Sie sich über das Verbindende und Gemeinsame. So werden Sie die richtige Einstellung finden.

Als Schattenkarte fragt Das Universum
Womit verhindere ich, dass ich meinen Platz finde? Wo schaffe ich es nicht, die richtige Haltung einzunehmen?

Wenn Sie nach der Ursache eines Problems suchen, fragt Sie
Das Universum
Könnte es sein, dass Sie so sehr von Ihren Vorstellungen oder dem Ziel besessen waren, dass Sie darüber den Weg aus den Augen verloren haben?

Als Zauberformel des Tages sagt Das Universum
Ich weiß jetzt, wo ich zu Hause bin.
Der Kosmos tanzt und ich mit ihm.

Ass der Stäbe

Das Leben ist eine Flamme, die sich selbst verzehrt; aber sie fängt jedes Mal wieder Feuer, wenn ein Kind geboren wird.

George Bernard Shaw

ENTFLAMMEN

Als magischer Spiegel verheißt das Ass der Stäbe *für Ihre Zukunft* Unternehmungslust. Sie werden eine gute Gelegenheit beim Schopf packen und ganz Feuer und Flamme sein.

In Liebe und Leidenschaft verspricht das Ass der Stäbe heiße Zeiten. Sie fangen Feuer und die Glut der Leidenschaft wird Sie beflügeln.

Als Wink des Schicksals rät das Ass der Stäbe zur Risikobereitschaft. Jetzt ist eine gute Chance, etwas anzupacken und Neues zu beginnen. Trauen Sie sich.

Als Schattenkarte fragt das Ass der Stäbe Warum fange ich kein Feuer? Warum kann ich mich für nichts begeistern?

Wenn Sie nach der Ursache eines Problems suchen, fragt das Ass der Stäbe Kann es sein, dass Sie ein wenig zu forsch waren und andere sich bedrängt fühlten?

Als Zauberformel des Tages sagt das Ass der Stäbe
Ich bin begeistert und werde auch andere begeistern.
Das Leben ist spannend und ich mach was draus.

Zwei Stäbe

Wer einst den Blitz zu zünden hat, muss lange Wolke sein.

Friedrich Nietzsche

FEUER UND FLAMME

Als magischer Spiegel verheißen die ZWEI STÄBE für *Ihre Zukunft*
eine kraftvolle Zeit. Sie werden voller Energie und mit viel Begeisterung Schwung in Ihren Alltag bringen, Neues beginnen und Liegengebliebenes mit leichter Hand erledigen.

In Liebe und Leidenschaft versprechen die ZWEI STÄBE
heiße Stunden. Sie werden sich innig, herzlich und lustvoll aneinander reiben, bis die Funken fliegen und Sie füreinander entflammen.

Als Wink des Schicksals raten die ZWEI STÄBE
das Feuer zu entfachen. Gehen Sie selbstbewusst und offensiv vor. Gießen Sie Öl ins Feuer und heizen Sie richtig ein.

Als Schattenkarte fragen die ZWEI STÄBE
Was hat meine innere Batterie auslaufen lassen? Warum habe ich keinen Biss?

Wenn Sie nach der Ursache eines Problems suchen, fragen die
ZWEI STÄBE
Kann es sein, dass Sie zu viel Dampf gemacht haben? Oder ist einfach nur ein Strohfeuer abgebrannt?

Als Zauberformel des Tages sagen die ZWEI STÄBE
Ich liebe die Glut und bin Feuer und Flamme.
Das Leben ist heiß und spannend.

Drei Stäbe

Und es kam der Tag, da das Risiko, in der Knospe zu verharren, schmerzlicher wurde als das Risiko zu blühen.

Anaïs Nin

ERBLÜHEN

Als magischer Spiegel verheißen die Drei Stäbe *für Ihre Zukunft* einen Entwicklungsschub. Jetzt können Sie Ihren Kräften freien Lauf lassen. So werden Sie mit leichter Hand etwas erreichen, das Ihnen bislang schwierig oder unmöglich erschien.

In Liebe und Leidenschaft versprechen die Drei Stäbe
Morgenluft. Eine alte Liebe blüht wieder auf oder in einer neuen Verbindung sprießen die Knospen. Genießen Sie diese Zeit aus vollem Herzen.

Als Wink des Schicksals raten die Drei Stäbe
Vorwärts zu gehen. Nutzen Sie diese Frühlingszeit für einen neuen Anlauf. Es wird sich lohnen.

Als Schattenkarte fragen die Drei Stäbe
Warum habe ich Angst, mich zu öffnen? Wo lasse ich die Saat nicht aufgehen? Was lässt mich immer wieder zaudern?

Wenn Sie nach der Ursache eines Problems suchen, fragen die Drei Stäbe
Kann es sein, dass Sie das Ganze eigentlich von Anfang an nicht wollten? Oder hat einfach etwas nicht zusammengepasst?

Als Zauberformel des Tages sagen die Drei Stäbe
Ich fühle, wie die Kraft in mir sprießt, und blühe auf.
Heute beginnt für mich ein neuer Frühling.

Vier Stäbe

Strebe nach Ruhe, aber durch das Gleichgewicht, nicht durch den Stillstand deiner Tätigkeit.

Friedrich von Schiller

AUSGEGLICHENHEIT

Als magischer Spiegel verheißen die VIER STÄBE *für Ihre Zukunft*
gutes Gelingen. Sie sind dabei, die Dinge in bester Weise zu bewältigen und in Einklang zu bringen. Dadurch werden Sie Erfolg haben.

In Liebe und Leidenschaft versprechen die VIER STÄBE
Anziehungskraft. Es knistert und eine lustvolle Spannung beflügelt Ihr Liebesleben. Lassen Sie sich davon in den Himmel tragen.

Als Wink des Schicksals raten die VIER STÄBE
zur Ausgeglichenheit. Meiden Sie Einseitigkeit und Zerrissenheit. Achten Sie darauf, dass alle Kräfte gleichberechtigt ihren Platz finden. Dann wird alles gelingen.

Als Schattenkarte fragen die VIER STÄBE
Wo fehlt es mir am nötigen Ausgleich? Warum bin ich nicht im Lot?

Wenn Sie nach der Ursache eines Problems suchen, fragen die
VIER STÄBE
Könnte es sein, dass Sie zu sehr nach Harmonie strebten? Oder waren Sie einfach zu pedantisch?

Als Zauberformel des Tages sagen die VIER STÄBE
Ich bringe meine Aufgaben zu einem guten Abschluss.
Ich schaffe den Ausgleich.

Fünf Stäbe

Wer kämpft, kann verlieren. Wer nicht kämpft, hat schon verloren.

Bertolt Brecht

STREBEN

Als magischer Spiegel verheißen die Fünf Stäbe *für Ihre Zukunft* eine gesunde Dynamik. Sie werden Ihr Können und Ihre Kräfte unter Beweis stellen und haben gute Chancen, dabei eine sehr gute Figur zu machen.

In Liebe und Leidenschaft versprechen die Fünf Stäbe knisternde Spannung. Die Funken sprühen, weil sie einander nicht widerstehen können. Oder versuchen Sie sich gerade in bester Weise wieder zusammenzuraufen?

Als Wink des Schicksals raten die Fünf Stäbe die Ärmel hochzukrempeln. Die Konkurrenz schläft nicht. Wenn Sie aber hellwach und entschlossen sind, haben Sie die besten Chancen.

Als Schattenkarte fragen die Fünf Stäbe Warum weiche ich Herausforderungen aus und gebe oftmals vorschnell auf? Warum ist mir alles so egal?

Wenn Sie nach der Ursache eines Problems suchen, fragen die Fünf Stäbe
Könnte es sein, dass Sie Ihre Kräfte überschätzt haben? Oder haben Sie einfach zu hoch gepokert?

Als Zauberformel des Tages sagen die Fünf Stäbe
Ich gebe mein Bestes und werde daran wachsen.
Ich nehme die Herausforderung an und werde es schaffen.

Sechs Stäbe

Siegreiche Krieger siegen, bevor sie in den Krieg ziehen, während Verlierer erst in den Krieg ziehen und dann versuchen, zu gewinnen.

Sun Tsu

ERFOLG

Als magischer Spiegel verheißen die Sechs Stäbe *für Ihre Zukunft* Erfolg. Freuen Sie sich auf gute Nachrichten. Sie werden Ihre Pläne, Vorhaben und Aufgaben zu einem glücklichen Abschluss bringen.

In Liebe und Leidenschaft versprechen die Sechs Stäbe
ein Leuchtfeuer. Sie sind am Ziel. Ein Wunsch, den Sie schon lange in sich tragen, wird sich jetzt in schönster Weise erfüllen. Und falls es funkt, wenn Sie einem Menschen in die Augen blicken, dann lassen Sie die Flammen ruhig ganz hoch lodern.

Als Wink des Schicksals raten die Sechs Stäbe
aufs Ganze zu gehen. Ihre Chancen stehen so gut, dass Ihnen der Erfolg nahezu sicher ist.

Als Schattenkarte fragen die Sechs Stäbe
Was lässt mich immer wieder zögern? Warum kann ich nicht an meinen Erfolg glauben?

Wenn Sie nach der Ursache eines Problems suchen, fragen die
Sechs Stäbe
Könnte es sein, dass Sie zu siegessicher waren und sich einfach zu früh gefreut haben?

Als Zauberformel des Tages sagen die Sechs Stäbe
Es wird mir gelingen.
Ich setze auf Sieg.

Sieben Stäbe

Wie mutig man ist, weiß man immer erst nachher.

Ludwig Marcuse

KÜHNE DURCHSETZUNG

Als magischer Spiegel zeigen die Sieben Stäbe *für Ihre Zukunft*
Widerstand und Angriffe. Passen Sie auf; die Dinge laufen vielleicht nicht so reibungslos, wie Sie es sich wünschen. Wenn Sie aber im richtigen Augenblick vorpreschen, werden Sie es schaffen.

In Liebe und Leidenschaft warnen die Sieben Stäbe
vor Ablehnung oder neidischen Rivalen. Sie können derzeit nicht wie sonst bei Ihrer/m Liebsten landen. Mit einem überraschenden, kühnen Schritt lassen sich die Probleme aber sofort aus der Welt räumen.

Als Wink des Schicksals raten die Sieben Stäbe
zu Mut und Entschlossenheit. Sammeln Sie Ihre Kräfte und wagen Sie – wenn es sein muss – auch einen Alleingang.

Als Schattenkarte fragen die Sieben Stäbe
Warum mangelt es mir an Zivilcourage? Wie oft kneife ich im entscheidenden Moment?

Wenn Sie nach der Ursache eines Problems suchen, fragen Sie die Sieben Stäbe
Haben Sie vielleicht zu rigoros aufgetragen und andere links liegen gelassen?

Als Zauberformel des Tages sagen die Sieben Stäbe
Ich schaffe den Durchbruch im richtigen Augenblick.
Ich stehe zu mir und setze mich durch.

Acht Stäbe

Der Donner ist gut und eindrucksvoll, aber die Arbeit leistet der Blitz.

Mark Twain

ÜBERRASCHUNG

Als magischer Spiegel verheißen die Acht Stäbe *für Ihre Zukunft* gute Nachrichten. Neues tut sich auf, und selbst in Angelegenheiten, die feststecken, geht es jetzt voran.

In Liebe und Leidenschaft versprechen die Acht Stäbe ein Feuerwerk. Entweder zündet und sprüht es in Ihrer Beziehung oder ein neuer Schwarm betritt die Bühne.

Als Wink des Schicksals raten die Acht Stäbe zur Wachheit. Ein Geistesblitz oder eine überraschende Gelegenheit bringt jetzt etwas Gutes ins Rollen. Halten Sie die Augen offen.

Als Schattenkarte fragen die Acht Stäbe
Wo stehe ich immer wieder auf der Leitung? Was nimmt mir allen Schwung?

Wenn Sie nach der Ursache eines Problems suchen, fragen Sie die Acht Stäbe
Könnte es sein, dass Sie einfach zu voreilig waren? Oder war es eine Kurzschlusshandlung?

Als Zauberformel des Tages sagen die Acht Stäbe
Ich bin hellwach.
Ich öffne mich für neue Ideen und Lösungen.

Neun Stäbe

Nicht der Weg ist das Schwierige. Vielmehr ist das Schwierige der Weg.

Søren Kierkegaard

DURCHSETZUNGSKRAFT

Als magischer Spiegel verheißen Ihnen die Neun Stäbe *für Ihre Zukunft* eine starke Hand. Sie können Herausforderungen erfolgreich begegnen, Widersprüche überwinden und in diesem Spannungsfeld große Kraft gewinnen.

In Liebe und Leidenschaft versprechen die Neun Stäbe
eine kraftvolle Verbindung. Sie werden einer großen Faszination erliegen, die von einem starken Gegenüber ausgeht, und die zwischen Ihnen die Funken sprühen lässt.

Als Wink des Schicksals raten die Neun Stäbe
zur Souveränität. Nehmen Sie die Angelegenheit jetzt fest in die Hand. Sie können Widerstände auflösen und das Ganze gekonnt zum Erfolg führen.

Als Schattenkarte fragen die Neun Stäbe
Warum lebe ich nur auf Sparflamme? Warum gerate ich zwischen die Fronten statt sie zu verbinden?

Wenn Sie nach der Ursache eines Problems suchen, fragen Sie die Neun Stäbe
Könnte es sein, dass Sie zu viel Stärke demonstriert haben und man Ihnen jetzt deshalb aus dem Wege geht?

Als Zauberformel des Tages sagen die Neun Stäbe
Ich bringe Kopf und Herz zusammen.
Ich setze mich beharrlich durch.

Zehn Stäbe

Andere beherrschen erfordert Kraft.
Sich selbst beherrschen fordert Stärke.

Lao Tse

HÄRTE

Als magischer Spiegel zeigen die Zehn Stäbe *für Ihre Zukunft*
eine Belastung. Sie können Ihren Kräften keinen freien Lauf lassen, weil Sie sich zu sehr kontrollieren oder jemand anderes Sie in Schach hält.

In Liebe und Leidenschaft bedeuten die Zehn Stäbe
einen Hemmschuh. Irgendwie laufen die Dinge nicht richtig. Entweder halten Sie selbst Ihr Feuer auf Sparflamme oder andere unterdrücken die lebendigen Impulse.

Als Wink des Schicksals raten die Zehn Stäbe
zur Beherrschung. Behalten Sie die Kontrolle über sich selbst und über das, was gerade vor sich geht. Dann kommen Sie gut voran.

Als Schattenkarte fragen die Zehn Stäbe
Wo blockiere ich mich selbst? Welche lebendigen Impulse ersticke ich im Keim?

Wenn Sie nach der Ursache eines Problems suchen, fragen Sie die
Zehn Stäbe
Könnte es sein, dass Sie den Widerstand unterschätzt haben? Oder wollten Sie zu sehr kontrollieren und standen damit einer gesunden Entwicklung im Weg?

Als Zauberformel des Tages sagen die Zehn Stäbe
Ich kann die verzehrenden Kräfte bannen.
Ich bin konsequent.

Prinzessin der Stäbe

Alles, was wir brauchen, um wirklich glücklich zu sein,
ist etwas, wofür wir uns begeistern können.

Charles Kingsley

BEGEISTERUNG

Als magischer Spiegel verheißt die Prinzessin der Stäbe *für Ihre Zukunft* Lebensschwung. Wenn Sie sich jetzt Impulsen und Anregungen öffnen, werden Sie eine sehr spannende und lebendige Zeit erleben.

In Liebe und Leidenschaft verspricht die Prinzessin der Stäbe
Feuer und Flamme. Lassen Sie die Funken überspringen und sich mitreißen, bis Sie vor Liebe und Leidenschaft glühen. Achten Sie auf eine temperamentvolle junge Frau.

Als Wink des Schicksals rät die Prinzessin der Stäbe
zur Leidenschaft. Lassen Sie sich begeistern, aber gewinnen und motivieren Sie auch andere. Seien Sie offen für den Impuls einer dynamischen jungen Frau.

Als Schattenkarte fragt die Prinzessin der Stäbe
Warum kann ich mich für nichts erwärmen? Warum mangelt es mir an Schwung und Motivation?

Wenn Sie nach der Ursache eines Problems suchen, fragt die
Prinzessin der Stäbe
Kann es sein, dass Sie zu temperamentvoll und leidenschaftlich aufgetreten sind und andere mit Ihrer Dynamik an die Wand gespielt haben?

Als Zauberformel des Tages sagt die Prinzessin der Stäbe
Ich lasse mich mitreißen und glühe vor Leidenschaft.
Ich bin Feuer und Flamme.

Prinz der Stäbe

Es bekommt einer Sache besser, wenn sich einer dafür erwärmt, als wenn sich hundert dafür erhitzen.

Robert Lembke

HEISSBLÜTIGKEIT

Als magischer Spiegel verheißt der PRINZ DER STÄBE *für Ihre Zukunft* Temperament und Leidenschaft. Vor Ihnen liegen aufregende, ungestüme Zeiten, die Sie beflügeln werden.

In Liebe und Leidenschaft verspricht der PRINZ DER STÄBE
ein heißes Abenteuer. Vielleicht ist es das vertraute Umfeld, das Ihre Glut entfacht oder eine unerwartete Begegnung? Achten Sie auf einen temperamentvollen jungen Mann.

Als Wink des Schicksals rät der PRINZ DER STÄBE
jetzt Dampf zu machen. Zögern Sie nicht länger und gehen Sie mit Schwung ans Werk. Sie werden begeistern und selbst begeistert sein. Vertrauen Sie dem Rat eines dynamischen jungen Mannes.

Als Schattenkarte fragt der PRINZ DER STÄBE
Wo ist meine Risikofreude geblieben? Warum traue ich mir nichts mehr zu?

Wenn Sie nach der Ursache eines Problems suchen, fragt Sie der
PRINZ DER STÄBE
Könnte es sein, dass Sie etwas zu temperamentvoll waren? Hat man Sie für einen Blender gehalten? Oder war einfach alles nur heiße Luft?

Als Zauberformel des Tages sagt der PRINZ DER STÄBE
Ich habe ein heißes Herz und einen kühlen Kopf.
Ich werde die Feuerprobe bestehen.

Königin der Stäbe

Ohne Mut trägt die Weisheit keine Früchte.

Baltasar Gracian

SELBSTVERWIRKLICHUNG

Als magischer Spiegel verheißt die KÖNIGIN DER STÄBE *für Ihre Zukunft* kraftvolle Entschlossenheit. Sie machen jetzt die richtigen Schritte in die richtige Richtung.

In Liebe und Leidenschaft verspricht die KÖNIGIN DER STÄBE
knisternde Leidenschaft. Sie verstehen es wunderbar, die Glut anzufachen und mit dem Feuer zu spielen. Achten Sie auf eine dynamische, willensstarke Frau.

Als Wink des Schicksals rät die KÖNIGIN DER STÄBE
zur Herzenswärme. Gehen Sie wohlwollend, liebevoll und großmütig vor. Vertrauen Sie dem Rat einer temperamentvollen Frau.

Als Schattenkarte fragt die KÖNIGIN DER STÄBE
Wo traue ich mich nicht? Wo fehlt es mir an Optimismus oder Souveränität?

Wenn Sie nach der Ursache eines Problems suchen, fragt die
KÖNIGIN DER STÄBE
Kann es sein, dass Sie einem Strohfeuer aufgesessen sind oder ist einfach Ihr Temperament mit Ihnen durchgegangen?

Als Zauberformel des Tages sagt die KÖNIGIN DER STÄBE
Ich tue, was ich will.
Ich zähme meine Leidenschaft, ohne die Glut zu löschen.

Ritter der Stäbe

Man kann zwar tun, was man will, aber nicht wollen, was man will.

Arthur Schopenhauer

DYNAMIK

Als magischer Spiegel verheißt der RITTER DER STÄBE *für Ihre Zukunft* Elan und Lebensschwung. Sie werden sich mit viel Freude und Engagement für eine Aufgabe oder ein Ziel begeistern.

In Liebe und Leidenschaft verspricht der RITTER DER STÄBE
eine heiße Phase oder Affäre. Jetzt ist die Zeit, mit Feuer und Flamme ein Herz zu erobern oder eine alte Glut neu zu entfachen.

Als Wink des Schicksals rät der RITTER DER STÄBE
zum großen Sprung. Sie befinden sich auf der Zielgeraden. Lassen Sie nicht locker, bis Sie angekommen sind. Vertrauen Sie auf den Rat eines willensstarken und dynamischen Mannes.

Als Schattenkarte fragt der RITTER DER STÄBE
Bleiben meine Absichten oft nur leere Worte? Wo liegen meine Willenskraft und meine Begeisterungsfähigkeit begraben?

Wenn Sie nach der Ursache eines Problems suchen, fragt der
RITTER DER STÄBE
Könnte es sein, dass Sie zu stürmisch waren und einfach alle überrannt haben? Oder haben Sie sich vielleicht zu sehr in den Mittelpunkt gespielt?

Als Zauberformel des Tages sagt der RITTER DER STÄBE
Ich weiß, was ich will.
Ich kämpfe aus ganzem Herzen für mein Ziel.

Ass der Schwerter

Ein Verstand, der nur Logik ist, gleicht einem Messer, das nichts ist als Klinge. Die Hand wird blutig beim Gebrauch.

Rabindranath Tagore

KLARHEIT

Als magischer Spiegel verheißt das Ass der Schwerter *für Ihre Zukunft* Erkenntnis. Seien Sie hellwach. Schon bald werden Sie etwas ganz klar verstehen und gute, einleuchtende Entscheidungen treffen.

In Liebe und Leidenschaft verspricht das Ass der Schwerter Klärung. Nutzen Sie die Zeit zu einem klärenden Gespräch oder versuchen Sie für sich allein Klarheit zu finden. Dann sollten Sie eine kluge und wichtige Entscheidung treffen.

Als Wink des Schicksals rät das Ass der Schwerter zu eindeutiger Entschiedenheit. Folgen Sie Ihrer Neugier, stillen Sie Ihren Wissensdurst, tun Sie alles, was Ihnen zu einer wichtigen Erkenntnis oder einer glasklaren Entscheidung verhilft.

Als Schattenkarte fragt das Ass der Schwerter
Vor welcher wichtigen Einsicht habe ich mich bislang gedrückt?
Warum bin ich so unklar und unentschieden?

Wenn Sie nach der Ursache eines Problems suchen, fragt das Ass der Schwerter
Kann es sein, dass Sie vielleicht zu cool waren? Oder hat es Ihnen an Eindeutigkeit gefehlt?

Als Zauberformel des Tages sagt das Ass der Schwerter
Ich bringe die Angelegenheit auf den Punkt.
Ich entscheide mich klar und klug.

Zwei Schwerter

Je mehr wir im Frieden schwitzen, umso weniger müssen wir im Krieg bluten.

Vijaya Lakshmi Pandit

FRIEDENSARBEIT

Als magischer Spiegel verheißen die ZWEI SCHWERTER *für Ihre Zukunft* Einvernehmen. Jetzt lassen sich Konflikte klären, Gegensätze überwinden, Widersprüche auflösen und Streitigkeiten beilegen.

In Liebe und Leidenschaft versprechen die ZWEI SCHWERTER
Seelenfrieden. Ob der Haussegen schief hing oder Sie auf Ihren Partner sauer waren, jetzt ist es an der Zeit, gemeinsam die Friedenspfeife zu rauchen.

Als Wink des Schicksals raten die ZWEI SCHWERTER
Einer muss den Frieden beginnen. Lassen Sie die Waffen ruhen und hissen Sie die weiße Flagge.

Als Schattenkarte fragen die ZWEI SCHWERTER
Warum habe ich statt des Kriegsbeils die Friedenspfeife begraben?
Welche inneren Konflikte muss ich in mir aussöhnen?

Wenn Sie nach der Ursache eines Problems suchen, fragen die ZWEI SCHWERTER
Könnte es sein, dass Sie viel widersprüchlicher oder auch konfliktreicher sind, als Sie bislang angenommen haben?

Als Zauberformel des Tages sagen die ZWEI SCHWERTER
Ich tue den ersten Schritt und mache Frieden.
Ich habe Frieden.

Drei Schwerter

Wer das Wissen vermehrt, vermehrt den Schmerz.

Baruch Spinoza

ERNÜCHTERUNG

Als magischer Spiegel verheißen die Drei Schwerter *für Ihre Zukunft* Ärger. Rechnen Sie damit, dass etwas schief geht und die Dinge nicht so laufen, wie Sie es sich wünschen.

In Liebe und Leidenschaft versprechen die Drei Schwerter Enttäuschung. Etwas läuft zumindest vorerst nicht so, wie Sie es gern hätten. Vielleicht haben Sie sich zu sehr vom Wunschdenken leiten lassen?

Als Wink des Schicksals raten die Drei Schwerter zur Nüchternheit. Gehen Sie illusionslos vor und rechnen Sie jederzeit damit, dass Ihr Vorhaben auch schief gehen kann.

Als Schattenkarte fragen die Drei Schwerter Welchen Kummer habe ich heruntergeschluckt und verdrängt? Wo verhalte ich mich destruktiv, weil ich eine tiefe Enttäuschung mit mir herumtrage?

Wenn Sie nach der Ursache eines Problems suchen, fragen die Drei Schwerter Könnte es sein, dass Sie verbittert waren. Oder haben Sie aus innerer Verletztheit heraus gehandelt?

Als Zauberformel des Tages sagen die Drei Schwerter Auf den Schwingen der Zeit fliegt die Traurigkeit davon. Weisheit ist die Trösterin in jedem Schmerz.

Vier Schwerter

Wenn du im Recht bist, kannst du dir leisten, die Ruhe zu bewahren;
und wenn du im Unrecht bist, kannst du dir nicht leisten,
sie zu verlieren.

Mahatma Gandhi

ZWANGSPAUSE

Als magischer Spiegel verheißen die Vier Schwerter *für Ihre Zukunft* Ruhe vor dem Sturm. Ein Konflikt kann jederzeit (wieder) losbrechen. Sorgen Sie vor, damit Sie gewappnet sind, oder versuchen Sie durch einen echten Kompromiss die Situation zu entschärfen.

In Liebe und Leidenschaft versprechen die Vier Schwerter einen Scheinfrieden. Es sieht so aus, als wäre alles in Ordnung. Aber trauen Sie dem Frieden nicht. Nutzen Sie die Zeit lieber, um wirklich etwas zu verändern.

Als Wink des Schicksals raten die Vier Schwerter zur Zurückhaltung. Gehen Sie einem Konflikt aus dem Weg oder, falls er schon entbrannt ist, ziehen Sie sich daraus zurück. Jetzt gibt es nichts zu gewinnen.

Als Schattenkarte fragen die Vier Schwerter
Bin ich wirklich so friedlich, wie ich glaube? Neige ich zu faulen Kompromissen?

Wenn Sie nach der Ursache eines Problems suchen, fragen die Vier Schwerter
Könnte es sein, dass das Problem viel tiefer lag und Sie einem Scheinfrieden oder einer nur oberflächlichen Lösung aufgesessen sind?

Als Zauberformel des Tages sagen die Vier Schwerter
Ich bin zu einem echten Kompromiss bereit.
Ich gebe Ruhe und lasse es gut sein.

Fünf Schwerter

Heldentum beweist man nicht, indem man einen Sieg erringt,
sondern eine Niederlage erträgt.

David Lloyd George

ZERSTÖRUNG

Als magischer Spiegel zeigen die FÜNF SCHWERTER *für Ihre Zukunft* einen Scherbenhaufen. Rechnen Sie mit Widerwärtigkeiten, vielleicht sogar mit Bösartigkeit und meiden Sie deshalb jedes Risiko.

In Liebe und Leidenschaft warnen Sie die FÜNF SCHWERTER vor Gemeinheiten oder einem Tiefschlag. Es scheint, dass sich ein Unwetter zusammenbraut und Sie gut beraten sind, sich vorsichtshalber warm anzuziehen.

Als Wink des Schicksals raten Ihnen die FÜNF SCHWERTER zur Kapitulation. Lassen Sie es gut sein. Selbst wenn Sie am Ende noch gewinnen könnten, wäre der Sieg viel zu teuer erkauft.

Als Schattenkarte fragen die FÜNF SCHWERTER
Wie viel Wut, wie viel unverdauter Schmerz und nicht verwundene Niederlagen stecken in mir, vergessenen Bomben gleich, die jederzeit hochgehen können?

Wenn Sie nach der Ursache eines Problems suchen, fragen Sie die FÜNF SCHWERTER
Könnte es sein, dass es einer Seite in Ihnen tiefe Befriedigung bereitet hat, richtig gemein zu sein oder einfach alles zu zertrümmern?

Als Zauberformel des Tages sagen die FÜNF SCHWERTER
Ich schlage mich durch.
Wenn es sein muss, kämpfe ich bis zum Letzten.

Sechs Schwerter

Nur was wir glauben, wissen wir gewiss.

Wilhelm Busch

VERNETZUNG

Als magischer Spiegel zeigen die Sechs Schwerter *für Ihre Zukunft* ein kreatives Zusammenspiel. Sie werden verschiedenste Interessen und Impulse so verbinden können, dass sie einem gemeinsamen Ziel dienen.

In Liebe und Leidenschaft versprechen Ihnen die Sechs Schwerter Übereinstimmung. Wo Kopf und Herz, Eros und Sexus, Starkes und Schwaches sich in der Mitte treffen, entsteht echter Einklang.

Als Wink des Schicksals raten die Sechs Schwerter
zur Transparenz. Betrachten Sie eine Angelegenheit aus unterschiedlichsten Perspektiven, dadurch werden Sie auf den wesentlichen Punkt kommen.

Als Schattenkarte fragen die Sechs Schwerter
Wo bin ich zu einseitig? Was verzerrt meine Wahrnehmung und lässt mich das Eigentliche nicht erkennen?

Wenn Sie nach der Ursache eines Problems suchen, fragen Sie die Sechs Schwerter
Könnte es sein, dass Sie zu theoretisch geblieben sind oder dass Sie ungreifbar waren und kein eigenes Profil hatten?

Als Zauberformel des Tages sagen die Sechs Schwerter
Ich sammle alle Kraft in meiner Mitte und handele bewusst und klar.
Ich bringe Kopf und Herz zusammen.

Sieben Schwerter

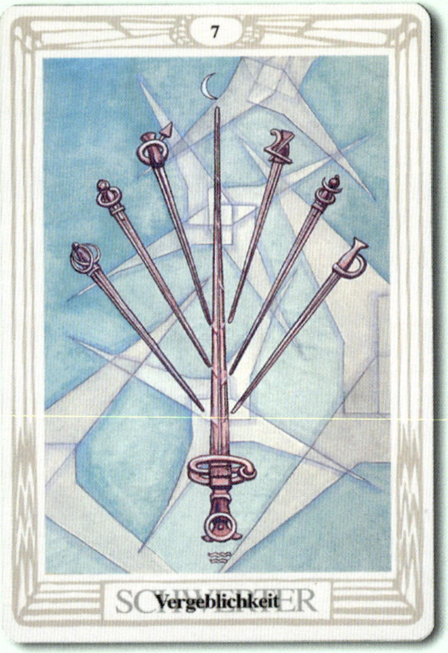

Jede neue Idee, die man vorbringt, muss auf Widerstand stoßen. Der Widerstand allein beweist allerdings noch nicht, dass die Idee richtig ist.

André Gide

SPIESSRUTENLAUF

Als magischer Spiegel verheißen die SIEBEN SCHWERTER *für Ihre Zukunft* Störfelder. Seien Sie vorsichtig, man wird Ihnen Schwierigkeiten machen und Steine in den Weg rollen. Überlegen Sie genau, ob Sie es damit aufnehmen wollen.

In Liebe und Leidenschaft warnen die SIEBEN SCHWERTER vor Ärger. Sie werden Ihre Wünsche und Ziele nur mühsam oder gar nicht verwirklichen können. Es ist zu viel Neid, Missgunst oder Widerstand im Spiel.

Als Wink des Schicksals raten die SIEBEN SCHWERTER zu äußerster Vorsicht und Zurückhaltung. Unterschätzen Sie die Probleme nicht, denen Sie gegenüberstehen, und überlegen Sie, ob Sie den Weg jetzt wirklich gehen wollen.

Als Schattenkarte fragen die SIEBEN SCHWERTER
Wo stelle ich mir selbst ein Bein? Womit verhindere ich unbewusst meinen Erfolg?

Wenn Sie nach der Ursache eines Problems suchen, fragen die SIEBEN SCHWERTER
Könnte es sein, dass Sie die vielen kleinen Probleme übersehen haben oder dass Sie mit sich selbst uneins sind?

Als Zauberformel des Tages sagen die SIEBEN SCHWERTER
Ich bündele meine Energien und lenke sie in eine Richtung.
Ich sehe die Schwierigkeiten und nehme sie ernst.

Acht Schwerter

Widerwärtigkeiten sind Pillen, die man schlucken muss
und nicht kauen.

Georg Christoph Lichtenberg

HINDERNISSE

Als magischer Spiegel zeigen die ACHT SCHWERTER *für Ihre Zukunft* einen Hürdenlauf. Leider laufen die Dinge zurzeit nicht so reibungslos, wie Sie es gern hätten. Wenn Sie aber am Ball bleiben, können Sie Ihr Ziel trotzdem erreichen.

In Liebe und Leidenschaft warnen Sie die ACHT SCHWERTER vor Blockaden. Irgendwie läuft alles spröder als sonst. Der gute Wille ist gewiss da, aber es gibt viele Hindernisse, die zu überwinden sind. Halten Sie durch.

Als Wink des Schicksals raten Ihnen die ACHT SCHWERTER zu elastischer Beharrlichkeit. Behalten Sie Ihr Ziel vor Augen, auch wenn Ihnen andere ständig dazwischenreden. Die Störer sind zwar lästig, können aber keinen ernsthaften Schaden verursachen, solange Sie konzentriert und hellwach sind.

Als Schattenkarte fragen die ACHT SCHWERTER
Welche Stolpersteine lege ich mir selbst in den Weg? Wodurch lasse ich mich immer wieder ablenken?

Wenn Sie nach der Ursache eines Problems suchen, fragen Sie die ACHT SCHWERTER
Könnte es sein, dass Sie zu zerstreut waren? Oder haben Sie sich von Störenfrieden irritieren lassen?

Als Zauberformel des Tages sagen die ACHT SCHWERTER
Ich bleibe am Ball.
Ich bin klar und geradlinig.

Neun Schwerter

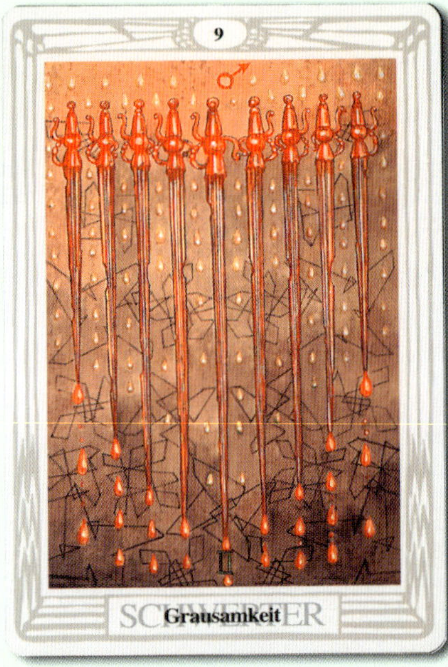

Die Zerstörung ist die Kreativität der Hoffnungslosen und Verkrüppelten, sie ist die Rache, die das ungelebte Leben an sich selber nimmt.

Erich Fromm

BITTERE ENTTÄUSCHUNG

Als magischer Spiegel zeigen die NEUN SCHWERTER *für Ihre Zukunft* düstere Aussichten. Vor Ihnen liegt eine Enttäuschung. Seien Sie vorsichtig, damit Sie nicht aus Verletztheit den Schaden vergrößern.

In Liebe und Leidenschaft warnen die NEUN SCHWERTER
vor dunklen Wolken. Amor meint es derzeit nicht gut mit Ihnen. Bleiben Sie besonnen, dann können Sie auch an einer bitteren Erfahrung reifen.

Als Wink des Schicksals raten die NEUN SCHWERTER
zu äußerster Vorsicht. Vielleicht entpuppt sich das Ganze nur als ein kurzer Albtraum. Wenn Ihnen aber eine schmerzliche Enttäuschung nicht erspart bleibt, sollten Sie unbedingt daraus lernen.

Als Schattenkarte fragen die NEUN SCHWERTER
Bin ich mir bewusst, wie viel Enttäuschung ich anderen bereite, selbst wenn ich es gewiss nicht will?

Wenn Sie nach der Ursache eines Problems suchen, fragen Sie die
NEUN SCHWERTER
Waren Sie vielleicht gemeiner und verletzender als Ihnen bewusst ist? Oder war es die heimliche Lust an der Zerstörung?

Als Zauberformel des Tages sagen die NEUN SCHWERTER
Augen zu und durch!
Jeder Tag hat seine eigene Sorge. Heute kümmere ich mich um die heutige.

Zehn Schwerter

Immer verliert, wer einen Sieg bis zur Vernichtung des Gegners anstrebt.

Niccoló Machiavelli

VERNICHTUNG

Als magischer Spiegel zeigen die ZEHN SCHWERTER *für Ihre Zukunft* einen Schiffbruch. Eine Angelegenheit könnte ein jähes Ende erleben. Passen Sie auf, dass Sie nicht zu Schaden kommen oder sogar selbst der Auslöser sind.

In Liebe und Leidenschaft warnen die ZEHN SCHWERTER vor einer plötzlichen Trennung. Die destruktiven Kräfte gewinnen die Oberhand und wollen etwas (ehemals) Wertvolles zerstören.

Als Wink des Schicksals raten die ZEHN SCHWERTER zu einem sofortigen Schlussstrich. Lösen Sie sich von einem Vorhaben, trennen Sie sich konsequent von einem Menschen, einem Plan oder einem Projekt.

Als Schattenkarte fragen die ZEHN SCHWERTER
Warum will es mir nicht gelingen, einen konsequenten Schnitt zu machen und ein Thema oder ein Kapitel meines Lebens ein für allemal abzuschließen?

Wenn Sie nach der Ursache eines Problems suchen, fragen Sie die ZEHN SCHWERTER
Könnte es sein, dass Sie die Romantik des Zerstörten faszinierte? Oder waren Sie innerlich zutiefst destruktiv, ohne sich dessen bewusst zu sein?

Als Zauberformel des Tages sagen die ZEHN SCHWERTER
Ich mache einen Schnitt und beginne neu.
Ich breche den Stab und lasse es sein.

Prinzessin der Schwerter

Der letzte Beweis von Größe liegt darin, Kritik ohne Groll zu ertragen.

Victor Hugo

STEIFE BRISE

Als magischer Spiegel verheißt die PRINZESSIN DER SCHWERTER *für Ihre Zukunft*
Diskussionen und Konflikte. Es liegt etwas in der Luft, das geklärt werden muss. Je sachlicher Sie dabei bleiben, umso positiver werden Sie diese Erfahrung am Ende betrachten.

In Liebe und Leidenschaft verspricht die PRINZESSIN DER SCHWERTER
frischen Wind. Auch wenn er zwischendurch kühl oder vielleicht auch frostig weht, bringt diese Brise Klärung und neue Impulse in Ihr Liebesleben. Achten Sie auf eine clevere, wortgewandte Frau.

Als Wink des Schicksals rät die PRINZESSIN DER SCHWERTER
Hinterfragen Sie sich. Stellen sie sich einer Kritik und hören Sie aufmerksam zu, ohne sich vorschnell zu rechtfertigen. Seien Sie offen für den Vorschlag einer hellwachen jungen Frau.

Als Schattenkarte fragt die PRINZESSIN DER SCHWERTER
Warum kann ich nicht mit Kritik umgehen? Warum mangelt es mir an Klarheit und an Flexibilität?

Wenn Sie nach der Ursache eines Problems suchen, fragt die
PRINZESSIN DER SCHWERTER
Kann es sein, dass Sie einfach zu viel Wind gemacht haben? Oder haben Sie andere zu sehr gepiesackt und an die Wand geredet?

Als Zauberformel des Tages sagt die PRINZESSIN DER SCHWERTER
Ich bin neugierig und hellwach.
Ich bin offen für sachliche Kritik.

Prinz der Schwerter

Schlagfertigkeit ist das, was einem auf dem Nachhauseweg einfällt.

Verfasser unbekannt

ZERRISSENHEIT

Als magischer Spiegel verheißt der Prinz der Schwerter *für Ihre Zukunft*
stürmische Zeiten. Wenn Sie den Wind im Rücken haben, kommen Sie gut voran. Wenn Ihnen aber Kritik und Konflikte entgegenschlagen, sollten Sie sich warm anziehen und genügend Biss beweisen.

In Liebe und Leidenschaft warnt Sie der Prinz der Schwerter
vor Frost. Rechnen Sie jetzt besser nicht mit romantischen Stunden. Es gibt etwas zu klären und da könnte es auch ziemlich kühl oder heftig zugehen. Danach wird der frische Wind wieder sehr belebend sein. Achten Sie auf einen ideenreichen, cleveren jungen Mann.

Als Wink des Schicksals rät der Prinz der Schwerter
zur Vielseitigkeit. Verfolgen Sie nicht nur stur ein Konzept, sondern zeigen Sie sich wendig, flexibel und versiert. Vertrauen Sie dem Rat eines klugen, einfallsreichen jungen Mannes.

Als Schattenkarte fragt der Prinz der Schwerter
Wo ist meine Schlagfertigkeit geblieben? Warum bin ich so flatterhaft?

Wenn Sie nach der Ursache eines Problems suchen, fragt Sie der
Prinz der Schwerter
Könnte es sein, dass Sie vielleicht etwas zu stürmisch oder sprunghaft waren? Oder hat man Sie für einen Luftikus gehalten?

Als Zauberformel des Tages sagt der Prinz der Schwerter
Ich weiß, wie es geht, und werde es durchsetzen.
Ich habe einen klaren Kopf und bleibe cool.

Königin der Schwerter

Wissen Sie so genau, dass ein Einfall, den Sie haben, tatsächlich in Ihnen geboren wird und nicht eine Mitteilung von irgendwoher ist?

Gustav Meyrink

WACHHEIT

Als magischer Spiegel verheißt die KÖNIGIN DER SCHWERTER *für Ihre Zukunft*
gute Ideen. Jetzt öffnen sich neue Horizonte, und die erweiterte Sicht führt zu wertvollen Einsichten und klugen Lösungen.

In Liebe und Leidenschaft verspricht die KÖNIGIN DER SCHWERTER
Unabhängigkeit. Wissen Sie, was Sie wollen? Dann sollten Sie nicht zögern, es zu tun, und sei es im Alleingang. Achten Sie auf eine eher kühle, scharfsinnige Frau.

Als Wink des Schicksals rät die KÖNIGIN DER SCHWERTER
zur Klärung. Kappen Sie ein Band, das Sie bislang gefesselt hat, und handeln Sie clever und cool. Hören Sie dabei auf den Rat einer klugen, hellwachen Frau.

Als Schattenkarte fragt die KÖNIGIN DER SCHWERTER
Wo scheue ich vor dem Schritt in die Unabhängigkeit zurück? Wo kann ich mit meiner Freiheit nichts anfangen?

Wenn Sie nach der Ursache eines Problems suchen, fragt die
KÖNIGIN DER SCHWERTER
Könnte es sein, dass Sie zu kühl und distanziert waren? Oder waren Sie vielleicht zu destruktiv?

Als Zauberformel des Tages sagt die KÖNIGIN DER SCHWERTER
Ich sage mich los und bin frei.
Ich verstehe.

Ritter der Schwerter

Wer Fantasie hat, aber kein Wissen, der hat Flügel, aber keine Beine.

Joseph Joubert

SCHARFSINN

Als magischer Spiegel verheißt der Ritter der Schwerter *für Ihre Zukunft*
Klarheit und Leichtigkeit. Sie werden klar und präzise denken und verstehen, und es wird Ihnen ein Leichtes sein, Entscheidungen zu treffen und vorwärts zu kommen.

In Liebe und Leidenschaft verspricht der Ritter der Schwerter
Klärung. Zeigen Sie, dass Sie nicht auf den Mund gefallen sind. Jetzt können Sie unausgesprochene Konflikte lösen oder aber jemanden mit den richtigen Worten für sich gewinnen. Achten Sie auf einen wortgewandten, intelligenten Mann.

Als Wink des Schicksals rät der Ritter der Schwerter
Bleiben Sie cool und flexibel. Sie sind clever und so einfallsreich, dass Sie Ihr Ziel erreichen werden. Vertrauen Sie auf den Rat eines klugen und scharfsinnigen Mannes.

Als Schattenkarte fragt der Ritter der Schwerter
Wie oft bleiben meine Ideen nur Gedanken? Wo sind meine Schlagfertigkeit und mein Esprit geblieben?

Wenn Sie nach der Ursache eines Problems suchen, fragt der Ritter der Schwerter
Könnte es sein, dass Sie zu cool waren und andere verschnupft das Weite suchten? Oder waren Sie mit Ihrer Scharfzüngigkeit zu zynisch?

Als Zauberformel des Tages sagt der Ritter der Schwerter
Meine Ideen beflügeln mich.
Ich vertrete meine Meinung glasklar.

Ass der Kelche

Wer andere glücklich macht wird glücklich.

André Gide

AUFBLÜHEN

Als magischer Spiegel verheißt das Ass der Kelche *für Ihre Zukunft* Erfüllung. Wenn Sie Augen und Herz öffnen, werden Sie Möglichkeiten entdecken, Glück und tiefe Zufriedenheit zu erfahren.

In Liebe und Leidenschaft verspricht das Ass der Kelche die große Chance. Jetzt können Sie sich neu verlieben oder in einer gewachsenen Beziehung Glück, Frieden und Zärtlichkeit finden.

Als Wink des Schicksals rät das Ass der Kelche zum Weg des Herzens. Wenn Sie sich jetzt jemandem in Ihrer Nähe offen und zugänglich zeigen, werden Sie echte Zuneigung finden und tiefe Vertrautheit erleben.

Als Schattenkarte fragt das Ass der Kelche
Warum glaube ich nicht an mein Glück? Warum kann ich mich nicht öffnen und hingeben?

Wenn Sie nach der Ursache eines Problems suchen, fragt das Ass der Kelche
Kann es sein, dass Sie zu passiv waren und einfach nur abgewartet haben? Oder waren Ihre Glückserwartungen vielleicht einfach überzogen?

Als Zauberformel des Tages sagt das Ass der Kelche
Ich tue alles aus Liebe.
Ich öffne mich und vertraue.

Zwei Kelche

Küsse sind das, was von der Sprache des Paradieses übrig geblieben ist.

Joseph Conrad

VEREINIGUNG

Als magischer Spiegel verheißen die Zwei Kelche *für Ihre Zukunft*
ein herzliches Miteinander. Jetzt kommt das zusammen, was zusammen gehört. Die richtigen Menschen mit den richtigen Ideen im richtigen Augenblick.

In Liebe und Leidenschaft versprechen Ihnen die Zwei Kelche
prickelnde Spannung. Lassen Sie sich ruhig den Kopf verdrehen, wenn Amors Pfeile durch die Luft schwirren. Es könnte ein »Volltreffer« werden!

Als Wink des Schicksals raten die Zwei Kelche
zu Frieden und Gemeinsamkeit. Tun Sie sich mit jemandem zusammen, um gemeinsame Sache zu machen. Falls es zuvor Unstimmigkeiten gab, dann ist es jetzt Zeit, Frieden zu schließen.

Als Schattenkarte fragen die Zwei Kelche
Warum verschließe ich mich andern? Oder warum verliebe ich mich immer nur dort, wo eine wirkliche Verbindung unmöglich ist?

Wenn Sie nach der Ursache eines Problems suchen, fragen Sie die Zwei Kelche
Könnte es sein, dass Sie jemanden mit zu viel Liebe überschüttet haben? Oder haben Sie vor lauter Sinn für das Gemeinsame sich selbst vergessen?

Als Zauberformel des Tages sagen die Zwei Kelche
Ich gehe den Weg der Liebe und des Friedens.
Ich liebe und folge der Stimme meines Herzens.

Drei Kelche

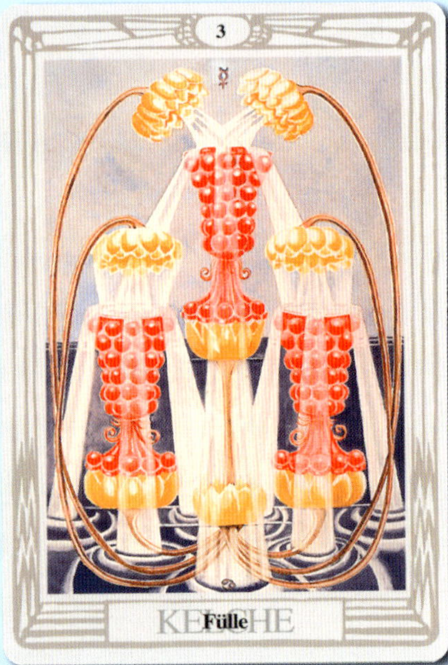

Schön ist eigentlich alles, was man mit Liebe betrachtet.

Christian Morgenstern

FREUDE

Als magischer Spiegel verheißen die Drei Kelche *für Ihre Zukunft* Glücksgefühle. Liebevolle Zeiten liegen vor Ihnen. Alles ist wunderbar im Fluss und läuft so, wie Sie es sich erträumen.

In Liebe und Leidenschaft versprechen Ihnen die Drei Kelche ein Freudenfest. Das Glück ist bei Ihnen zu Gast. Es lässt Sie auf Wolken schweben und wird Sie reich beschenken.

Als Wink des Schicksals raten die Drei Kelche zur Dankbarkeit. Haben Sie ein offenes Auge dafür, wie gut das Glück es mit Ihnen meint, und ein offenes Herz, um Ihr Glück mit anderen zu teilen.

Als Schattenkarte fragen die Drei Kelche
Was hindert mich, das Leben dankbar zu genießen? Was verbietet mir die Freude an der Fülle?

Wenn Sie nach der Ursache eines Problems suchen, fragen Sie die Drei Kelche
Könnte es sein, dass Sie es einfach nur schön haben wollten und alles andere verdrängt haben? Oder hat Sie die Lust verlassen, als es anstrengend wurde?

Als Zauberformel des Tages sagen die Drei Kelche
Mein Herz fließt vor Dankbarkeit über.
Ich schenke und empfange Liebe.

Vier Kelche

Genieße das Leben! Es könnte dein letztes sein.

Graffiti

SCHWELGEN

Als magischer Spiegel verheißen die VIER KELCHE *für Ihre Zukunft* Freude und Fülle. Der Himmel meint es gut mit Ihnen und schenkt Ihnen sogar noch mehr als Sie sich wünschen.

In Liebe und Leidenschaft versprechen die VIER KELCHE glückliche Zeiten. Wundern Sie sich nicht, wenn Sie plötzlich Schmetterlinge im Bauch haben! Sie haben eine romantische Begegnung oder geben sich einer jugendlichen Schwärmerei hin.

Als Wink des Schicksals raten die VIER KELCHE
Genießen Sie den Höhepunkt. Bringen Sie etwas zur vollen Blüte und legen Sie danach eine Pause ein.

Als Schattenkarte fragen die VIER KELCHE
Warum traue ich mich nicht aus dem Vollen zu schöpfen? Warum kann ich zum Leben nicht aus tiefem Herzen »Ja« sagen?

Wenn Sie nach der Ursache eines Problems suchen, fragen die VIER KELCHE
Könnte es sein, dass Sie etwas zu schwülstig waren oder zu dick aufgetragen haben? Oder hat man Ihnen verübelt, dass Sie einfach nur genießen wollten?

Als Zauberformel des Tages sagen die VIER KELCHE
Mein Herz jubelt vor Freude.
Ich bringe Liebe und Glück unter die Menschen.

Fünf Kelche

Wenn du nachts weinst, weil du die Sonne nicht sehen kannst,
wirst du die Sterne ebenso wenig erblicken.

Juan Ramón Jiménez

TRAURIGKEIT

Als magischer Spiegel zeigen die Fünf Kelche *für Ihre Zukunft*
einen ziemlichen Dämpfer. Etwas, das vielleicht eben noch wirklich gut lief, gerät ins Stocken oder scheitert.

In Liebe und Leidenschaft warnen die Fünf Kelche
vor verwelkender Liebe und leeren Versprechungen. Seien Sie vorsichtig, Sie könnten sich sonst zu leicht in einem Beziehungssumpf wieder finden.

Als Wink des Schicksals raten die Fünf Kelche
zur Zurückhaltung. Rechnen Sie eher mit einer kalten Dusche und laufen Sie nicht blauäugig in eine Enttäuschung hinein.

Als Schattenkarte fragen die Fünf Kelche
Welchen Kummer habe ich einfach heruntergeschluckt, welche Träne wiegt so schwer, weil sie nicht fließen durfte?

Wenn Sie nach der Ursache eines Problems suchen, fragen Sie die
Fünf Kelche
Könnte es sein, dass Ihre Gefühle einfach versickert sind und Sie nun auf dem Trockenen sitzen?

Als Zauberformel des Tages sagen die Fünf Kelche
Mit Augen, die geweint haben, sehe ich alles klarer.

Sechs Kelche

Der Mensch ist nicht zum Vergnügen, sondern zur Freude geboren.

Paul Claudel

LEBENSFREUDE

Als magischer Spiegel verheißen die Sechs Kelche *für Ihre Zukunft* Hochgenuss. Vor Ihnen liegen glückliche, harmonische Zeiten, auf die Sie sich von ganzem Herzen freuen können.

In Liebe und Leidenschaft versprechen die Sechs Kelche einen Freudentaumel. Alles läuft wunderbar und Sie können die Glücksglocken in Ihrem Herzen läuten hören.

Als Wink des Schicksals raten die Sechs Kelche
Lassen Sie Ihre Pflichten und Ihre Arbeit einmal ruhen und gönnen Sie sich etwas Gutes. Genießen Sie aus vollen Zügen.

Als Schattenkarte fragen die Sechs Kelche
Warum komme ich nie dazu, das Leben zu genießen? Wofür opfere ich die schönen Seiten des Lebens?

Wenn Sie nach der Ursache eines Problems suchen, fragen Sie die Sechs Kelche
Könnte es sein, dass Sie zur Völlerei neigen? Oder haben Sie sich so sehr von Ihrer genießerischen Seite gezeigt, dass man Ihre ernsten Absichten nicht erkennen konnte?

Als Zauberformel des Tages sagen die Sechs Kelche
Ich kann aus vollem Herzen genießen.
Ich schöpfe aus der Fülle.

Sieben Kelche

Aufgestaute Gefühle und ungesagte Worte werden giftig.

Wilhelm Reich

GIFT

Als magischer Spiegel zeigen die SIEBEN KELCHE *für Ihre Zukunft* einen Morast. Seien Sie vorsichtig; Sie könnten in einen Sumpf oder in eine völlig vergiftete Atmosphäre geraten.

In Liebe und Leidenschaft warnen die SIEBEN KELCHE vor gefährlichen Liebschaften. Der schöne Schein trügt. Seien Sie hellwach, damit Sie nicht im Schlamm versinken.

Als Wink des Schicksals raten die SIEBEN KELCHE zu höchster Vorsicht. Es ist etwas faul. Passen Sie auf, dass Sie nicht plötzlich in eine giftige Brühe geraten.

Als Schattenkarte fragen die SIEBEN KELCHE
Welche Giftspritze in mir lässt die Dinge, die mir am Herzen liegen, immer wieder vorzeitig welken?

Wenn Sie nach der Ursache eines Problems suchen, fragen Sie die SIEBEN KELCHE
Könnte es sein, dass die Basis schon längst morsch und vergiftet war und es deshalb besser ist, wenn das Verdorbene untergeht?

Als Zauberformel des Tages sagen die SIEBEN KELCHE
Ich lasse das Morbide zu Grunde gehen und warte auf das Neue.

Acht Kelche

Das Paradies pflegt sich erst dann als Paradies zu erkennen zu geben, wenn wir aus ihm vertrieben sind!

Hermann Hesse

ABSTUMPFUNG

Als magischer Spiegel zeigen die Acht Kelche *für Ihre Zukunft* dünnes Eis. Prüfen Sie vorsichtig, ob der Boden trägt, damit Sie nicht plötzlich einbrechen oder in einen Sumpf geraten.

In Liebe und Leidenschaft warnen die Acht Kelche vor Trägheit und lauen Gefühlen. Seien Sie vorsichtig, dass Ihre Liebe nicht durch zu viel unpersönliche Routine verschleißt. Aber ziehen Sie sich auch nicht in stolze Resignation zurück.

Als Wink des Schicksals raten die Acht Kelche zur Wachheit. Wenn Sie die Dinge für zu selbstverständlich nehmen, könnten Sie eine böse Überraschung erleben.

Als Schattenkarte fragen die Acht Kelche
Warum kann ich trotz vieler guter Vorsätze und Anläufe meine Wünsche nicht verwirklichen?

Wenn Sie nach der Ursache eines Problems suchen, fragen Sie die Acht Kelche
Könnte es sein, dass Ihr Wunsch zwar vorhanden war, es aber an Willen und Durchhaltevermögen mangelte?

Als Zauberformel des Tages sagen die Acht Kelche
Ich lasse das Verdorbene los und verwirkliche das Mögliche.

Neun Kelche

Zeit, die man frohen Herzens vergeudet, ist keine vergeudete Zeit.

Bertrand Russell

FÜLLE

Als magischer Spiegel verheißen die Neun Kelche *für Ihre Zukunft* Glück und Freude. Sie werden mit den richtigen Leuten zusammentreffen und eine wunderbare Zeit erleben. Alles läuft so, wie Sie es sich wünschen.

In Liebe und Leidenschaft versprechen Ihnen die Neun Kelche den siebten Himmel. Solche Hoch-Zeiten erlebt man nicht alle Tage. Zeigen Sie, dass Sie vor Glück überfließen.

Als Wink des Schicksals raten die Neun Kelche zu dankbarer Freude. Schöpfen Sie aus der Fülle. Mehren Sie Ihr Glück, indem Sie es großzügig mit anderen teilen.

Als Schattenkarte fragen die Neun Kelche
Wo ist meine Lebenslust geblieben? Warum kann ich meine Freude nicht fließen lassen?

Wenn Sie nach der Ursache eines Problems suchen, fragen Sie die Neun Kelche
Könnte es sein, dass Sie zu dick aufgetragen haben? Oder ging es Ihnen nur um das Vergnügen?

Als Zauberformel des Tages sagen die Neun Kelche
Ich bin dankbar und zufrieden.
Das Leben ist eine große Freude.

Zehn Kelche

Ein Wunsch kann durch nichts mehr verlieren, als dadurch, dass er in Erfüllung geht.

Peter Bamm

GENUG DES GUTEN

Als magischer Spiegel zeigen die Zehn Kelche *für Ihre Zukunft* Erfolg und Befriedigung. Vor Ihnen liegt eine Zeit, in der Sie Ziele erreichen, wirklich satt werden und in der Ihre Wünsche in Erfüllung gehen.

In Liebe und Leidenschaft versprechen die Zehn Kelche tiefe Erfüllung. Sie können Ihr Glück kaum fassen und ihr Herz wird jubeln. Aber achten Sie darauf, dass Sie nicht bis an die Grenze des Überdrusses gehen.

Als Wink des Schicksals raten die Zehn Kelche zuzulangen. Jetzt ist die Zeit, in der Sie das bekommen können, wonach Sie sich sehnen. Aber passen Sie auf, dass Sie sich nicht nur vollstopfen.

Als Schattenkarte fragen die Zehn Kelche
Warum werde ich im Leben nie wirklich satt? Warum höre ich immer auf, bevor es am schönsten ist?

Wenn Sie nach der Ursache eines Problems suchen, fragen Sie die Zehn Kelche
Könnte es sein, dass es Ihnen einfach gereicht hat? Oder haben Sie sich zu viel des Guten zugemutet?

Als Zauberformel des Tages sagen die Zehn Kelche
Ich bin erfüllt und glücklich.
Ich bin dankbar, dass mich das Leben so reich beschenkt und richtig satt macht.

Prinzessin der Kelche

Liebe deinen Jetzigen und nicht erst deinen Nächsten.

Julian Tuwim

FEINGEFÜHL

Als magischer Spiegel verheißt die Prinzessin der Kelche *für Ihre Zukunft*
Liebe und Frieden. Wenn Sie jetzt für Ihre Umgebung offen sind, werden Sie erleben, wie man Ihnen liebevoll entgegenkommt.

In Liebe und Leidenschaft verspricht die Prinzessin der Kelche
Nähe und Zärtlichkeit. Wenn Sie sich berühren lassen, werden Sie in Liebe erblühen. Achten Sie auf eine anmutige, gefühlvolle junge Frau.

Als Wink des Schicksals rät die Prinzessin der Kelche
zur Zartheit. Gehen Sie behutsam vor. Öffnen Sie sich vorsichtig und lassen Sie auch anderen Zeit, Vertrauen zu fassen. Folgen Sie dem Impuls oder dem Rat einer zauberhaften jungen Frau.

Als Schattenkarte fragt die Prinzessin der Kelche
Was hat meine romantische Ader versiegen lassen? Warum mangelt es mir an Zauber und Anmut?

Wenn Sie nach der Ursache eines Problems suchen, fragt die Prinzessin der Kelche
Kann es sein, dass Sie zu zögerlich und zu schüchtern waren? Oder haben Sie vielleicht nur von Ihrem Glück geträumt, statt ihm eine Chance zu geben?

Als Zauberformel des Tages sagt die Prinzessin der Kelche
Ich öffne mich vorsichtig, Schritt für Schritt.
Ich gewinne mit meinem Zauber.

Prinz der Kelche

Fantasie haben heißt nicht, sich etwas ausdenken; es heißt, sich aus den Dingen etwas machen.

Thomas Mann

HERZENSWÄRME

Als magischer Spiegel verheißt der Prinz der Kelche *für Ihre Zukunft* gute Laune. Vor Ihnen liegen leichte und liebevolle Zeiten, die Sie mit viel Fantasie traumhaft gestalten können.

In Liebe und Leidenschaft verspricht der Prinz der Kelche
Frühlingsgefühle. Sie sind beschwingt, schweben auf Wolken und haben die besten Chancen, sich einen Liebestraum zu erfüllen. Achten Sie auf einen einfühlsamen und verständnisvollen jungen Mann.

Als Wink des Schicksals rät der Prinz der Kelche
zu Charme und Fantasie. Setzen Sie Ihren ganzen Charme ein und bezaubern Sie mit verspielten Ideen. Vertrauen Sie dem Rat eines gefühlvollen jungen Mannes.

Als Schattenkarte fragt der Prinz der Kelche
Warum werde ich so schnell verlegen, wenn mich etwas emotional berührt? Warum bin ich so schüchtern?

Wenn Sie nach der Ursache eines Problems suchen, fragt Sie der
Prinz der Kelche
Könnte es sein, dass Sie vielleicht zu schwärmerisch waren und einfach über den Wolken schwebten?

Als Zauberformel des Tages sagt der Prinz der Kelche
Liebe ist stärker als Gewalt.
Ich gehe den Weg der Wünsche.

Königin der Kelche

Der Verstand kann uns sagen, was wir unterlassen sollen.
Aber das Herz sagt uns, was wir tun müssen.

Joseph Joubert

SEELENTIEFE

Als magischer Spiegel verheißt die KÖNIGIN DER KELCHE *für Ihre Zukunft* Geheimnisvolles. Vertrauen Sie Ihren Gefühlen und lassen Sie sich führen. Sie werden wunderbare Erfahrungen machen.

In Liebe und Leidenschaft verspricht die KÖNIGIN DER KELCHE seelische Verschmelzung. Lassen Sie sich verzaubern von der Tiefe und Nähe einer liebevollen Begegnung. Achten Sie auf eine einfühlsame, verständnisvolle Frau.

Als Wink des Schicksals rät die KÖNIGIN DER KELCHE zu instinktivem Vertrauen. Gehen Sie den Weg des Herzens. Hören Sie auf den Rat einer weisen Frau.

Als Schattenkarte fragt die KÖNIGIN DER KELCHE
Wann und wodurch ist meine Innenwelt so grau geworden? Warum höre ich meine innere Stimme nicht mehr?

Wenn Sie nach der Ursache eines Problems suchen, fragt Sie die KÖNIGIN DER KELCHE
Könnte es sein, dass Sie es eigentlich besser wussten, aber nicht auf Ihre Gefühle gehört haben?

Als Zauberformel des Tages sagt die KÖNIGIN DER KELCHE
Ich folge meinen Visionen.
Ich vertraue meinen Gefühlen.

Ritter der Kelche

Ein liebend Auge ist ein milder Richter.

Theodor Fontane

GÜTE

Als magischer Spiegel verheißt der Ritter der Kelche *für Ihre Zukunft* Spürsinn. Sie haben den richtigen Riecher und sind auf der richtigen Fährte. Wenn Sie sich auf Ihre Gefühle verlassen und Liebe und Verständnis zeigen, liegen glückliche Zeiten vor Ihnen.

In Liebe und Leidenschaft verspricht der Ritter der Kelche Warmherzigkeit. Wenn Sie sich öffnen, werden Sie zärtliche Arme finden. Genießen Sie die Nähe und die Zweisamkeit von ganzem Herzen. Achten Sie auf einen sensiblen, einfühlsamen Mann.

Als Wink des Schicksals rät der Ritter der Kelche zur Fantasie. Erspüren Sie die Möglichkeiten, die vor Ihnen liegen, und vertrauen Sie Ihrer Intuition. Hören Sie auch auf den Rat eines weisen, einfühlsamen Mannes.

Als Schattenkarte fragt der Ritter der Kelche
Wo habe ich meine Gefühle begraben? Warum wage ich es nicht mal mehr zu träumen?

Wenn Sie nach der Ursache eines Problems suchen, fragt der Ritter der Kelche
Könnte es sein, dass Sie zu schwärmerisch oder zu undeutlich waren, oder dass man Sie für einen Traumtänzer hielt?

Als Zauberformel des Tages sagt der Ritter der Kelche
Ich lebe meine Träume.
Ich vertraue meinem Gespür.

Ass der Scheiben

Auch die größte Eiche ist einmal eine Eichel gewesen, die jedes Schwein verschlucken konnte.

Arthur Schopenhauer

SOLIDE CHANCE

Als magischer Spiegel zeigt das Ass der Scheiben *für Ihre Zukunft*
eine gute Gelegenheit. Halten Sie die Augen offen, dann werden Sie auf eine wertvolle Chance stoßen, etwas Neues zu beginnen oder richtig Geld zu verdienen.

In Liebe und Leidenschaft verspricht Ihnen das Ass der Scheiben
eine wunderbare Gelegenheit. Was immer Sie sich wünschen, eine wertvolle Begegnung, eine sinnliche Erfahrung oder den Beginn einer dauerhaften Verbindung, jetzt haben Sie dafür die besten Karten.

Als Wink des Schicksals rät Ihnen das Ass der Scheiben
Nutzen Sie den Augenblick. Die Zeit ist günstig, um ein stabiles Fundament für Neues zu legen und etwas Wertvolles zu schaffen.

Als Schattenkarte fragt das Ass der Scheiben
Wie oft lasse ich gute Chancen im Meer der nicht gelebten Möglichkeiten für immer versinken?

Wenn Sie nach der Ursache eines Problems suchen, fragt Sie das
Ass der Scheiben
Könnte es sein, dass Sie zwar voller Wünsche, guter Ideen und aufrichtiger Absichten waren, dem aber keine Taten haben folgen lassen?

Als Zauberformel des Tages sagt das Ass der Scheiben
Ich packe es an.
Ich nutze meine Chancen.

Zwei Scheiben

Nur der begreift das Alphabet, der es recht zu verbinden versteht.

Emanuel Geibel

GEGENSÄTZE VERBINDEN

Als magischer Spiegel verheißen die Zwei Scheiben *für Ihre Zukunft*
ein gutes Zusammenspiel. Jetzt können Sie das, was getrennt war, so miteinander verbinden, dass beide Seiten sich ergänzt fühlen, und alles reibungslos miteinander funktioniert.

In Liebe und Leidenschaft versprechen die Zwei Scheiben
eine spannende Zeit, in der Sie sich gegenseitig die Bälle zuspielen und freudig erleben, wie Eros die Gegensätze verbindet.

Als Wink des Schicksals raten die Zwei Scheiben
zu einem gemeinsamen Unternehmen. Tun Sie sich mit jemandem zusammen, überwinden Sie alte Spaltungen und Konflikte und machen Sie gemeinsame Sache.

Als Schattenkarte fragen die Zwei Scheiben
Wo bin ich zu einseitig und zu festgefahren? Wo blockiere ich den Fluss der Veränderung?

Wenn Sie nach der Ursache eines Problems suchen, fragen die
Zwei Scheiben
Könnte es sein, dass Sie zu sprunghaft waren? Oder haben Sie vergeblich versucht, etwas unter einen Hut zu bringen, was einfach nicht zusammenpassen wollte?

Als Zauberformel des Tages sagen die Zwei Scheiben
Ich verbinde, was getrennt war.
Ich erkenne das Gemeinsame im Gegensätzlichen.

Drei Scheiben

Man muss sicher auf festem Boden gehen können, bevor man mit dem Seiltanzen beginnt.

Henri Matisse

KRISTALLISATION

Als magischer Spiegel verheißen die Drei Scheiben *für Ihre Zukunft* einen Entwicklungsschub. Ihre bisherigen Bemühungen fruchten und Sie werden ein gutes Ergebnis hervorbringen, das auf einer gesunden Basis steht.

In Liebe und Leidenschaft versprechen die Drei Scheiben lebendige Stabilität. Ihre Liebe sprudelt aus einer unerschöpflichen Quelle, und Körper, Geist und Seele vereinen sich zu einem harmonischen Ganzen.

Als Wink des Schicksals raten die Drei Scheiben zur Kreativität. Nutzen Sie diese günstige Zeit. Schöpfen Sie aus der Fülle Ihrer Möglichkeiten, um wertvolle Ergebnisse zu erzielen.

Als Schattenkarte fragen die Drei Scheiben
Wo stehe ich apathisch im Leben und lasse kreative Impulse ungenutzt verpuffen?

Wenn Sie nach der Ursache eines Problems suchen, fragen die Drei Scheiben
Könnte es sein, dass Sie die Angelegenheit gar nicht auf den Punkt gebracht haben oder es Ihnen an Klarheit und Ausdauer fehlte?

Als Zauberformel des Tages sagen die Drei Scheiben
Ich freue mich auf meine Arbeit.
Ich schaffe gesunde Strukturen.

Vier Scheiben

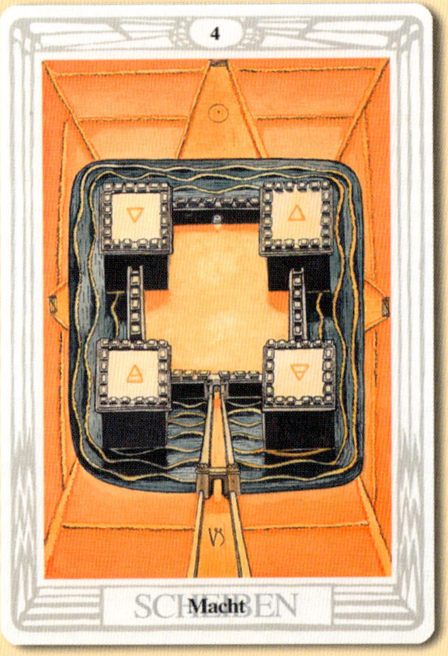

Die Grundlage ist das Fundament der Basis.

Le Corbusier

STABILITÄT

Als magischer Spiegel verheißen die Vier Scheiben *für Ihre Zukunft* Sicherheit und Klarheit. Sie können auf das Fundament vertrauen und etwas Wertvolles darauf bauen.

In Liebe und Leidenschaft versprechen die Vier Scheiben beständiges Zusammenwachsen. Die gegenseitige Vertrautheit wächst und bildet eine stabile Basis, auf der Sie Ihre Beziehung auf- und ausbauen können.

Als Wink des Schicksals raten die Vier Scheiben zur Konsolidierung. Grenzen Sie sich ab und packen Sie das Erreichte erst einmal in trockene Tücher.

Als Schattenkarte fragen die Vier Scheiben
Warum kann ich mich so oft nicht abgrenzen? Warum zerrinnt mir immer wieder alles zwischen den Fingern?

Wenn Sie nach der Ursache eines Problems suchen, fragen die Vier Scheiben
Könnte es sein, dass Sie zu zwanghaft und zu abweisend waren? Oder haben Sie nur Mauern aber keine Brücken gebaut?

Als Zauberformel des Tages sagen die Vier Scheiben
Ich kenne meine Grenzen.
Ich bewahre das Erreichte.

Fünf Scheiben

Nichts tun ist besser als mit viel Mühe nichts schaffen.

Lao Tse

MÜHSAL

Als magischer Spiegel zeigen die FÜNF SCHEIBEN *für Ihre Zukunft*
eine Heidenarbeit. Vor Ihnen liegt eine anstrengende Zeit, in der Sie mit einigen Widrigkeiten fertig werden müssen. Üben Sie sich deshalb in stoischer Gelassenheit.

In Liebe und Leidenschaft warnen Sie die FÜNF SCHEIBEN
vor Sand im Getriebe. Irgendwie scheint in der Liebe zurzeit einfach nichts zusammenzugehen, schon gar nicht, wenn Sie es erzwingen wollen. Lassen Sie sich nicht zermürben. Es kommen auch wieder leichtere Tage.

Als Wink des Schicksals raten Ihnen die FÜNF SCHEIBEN
Lassen Sie es erst einmal sein. Wenn Sie jetzt etwas auf die Beine stellen wollen, wird es nur eine elende Schufterei. Warten Sie lieber günstigere Zeiten und Bedingungen ab.

Als Schattenkarte fragen die FÜNF SCHEIBEN
Warum mache ich es mir immer so schwer? Wodurch verhindere ich meinen Erfolg?

Wenn Sie nach der Ursache eines Problems suchen, fragen Sie die
FÜNF SCHEIBEN
Könnte es sein, dass Sie sich selbst im Wege stehen? Oder passten die Personen, Themen, Ideen oder Ziele einfach nicht zusammen?

Als Zauberformel des Tages sagen die FÜNF SCHEIBEN
Trotz aller Widrigkeiten bleibe ich ruhig und gelassen.
Ich erzwinge nichts.

Sechs Scheiben

Glück und Erfolg werden einem nur vergeben, wenn man großmütig bereit ist, beides zu teilen.

Albert Camus

GELINGEN

Als magischer Spiegel zeigen die SECHS SCHEIBEN *für Ihre Zukunft*
eine Erfolgssträhne. Die Gelegenheiten sind günstig und bilden eine wunderbare Konstellation. Nutzen Sie die Zeit, um Ihre Wünsche zu verwirklichen.

In Liebe und Leidenschaft verheißen die SECHS SCHEIBEN
ein glückliches Zusammentreffen. Entweder begegnen Sie einem Menschen, mit dem einfach alles stimmt, oder Sie können Chaos und Konflikte überwinden und Ihre Partnerschaft neu und harmonisch gestalten.

Als Wink des Schicksals raten Ihnen die SECHS SCHEIBEN
Setzen Sie auf Erfolg. Wenn Sie jetzt alle beteiligten Kräfte und Faktoren zusammenbringen, wird sich daraus eine unschlagbare Erfolgskonstellation ergeben.

Als Schattenkarte fragen die SECHS SCHEIBEN
Warum falle ich immer wieder aus dem inneren Gleichgewicht?
Warum bekomme ich die Dinge nicht auf die Reihe?

Wenn Sie nach der Ursache eines Problems suchen, fragen Sie die SECHS SCHEIBEN
Könnte es sein, dass Sie die gute Gelegenheit nicht erkannt haben? Oder waren Sie zu sehr auf äußeren Erfolg fixiert?

Als Zauberformel des Tages sagen die SECHS SCHEIBEN
Ich tue das Rechte zur rechten Zeit am rechten Ort in rechter Weise.

Sieben Scheiben

Menschen, die keine Fehler machen, machen normalerweise auch sonst nichts.

William Connor Magee

REINFALL

Als magischer Spiegel zeigen die Sieben Scheiben *für Ihre Zukunft* düstere Aussichten. Versuchen Sie nichts zu erzwingen und seien Sie vorsichtig, damit Sie nicht in Treibsand geraten.

In Liebe und Leidenschaft warnen Sie die Sieben Scheiben vor einem Schiffbruch. Es läuft einfach nichts so, wie es sollte. Schauen Sie, dass Sie diese Krise gut überstehen, und gehen Sie keine unnötigen Risiken ein.

Als Wink des Schicksals raten Ihnen die Sieben Scheiben zur Zurückhaltung. Im Moment haben Sie keine glückliche Hand. Fangen Sie deshalb nichts Neues an. Dafür gibt es wirklich bessere Zeiten.

Als Schattenkarte fragen die Sieben Scheiben
Kenne ich den Pessimisten in mir, der sich über schlechte Erfahrungen freut, weil sie ihm Recht geben?

Wenn Sie nach der Ursache eines Problems suchen, fragen Sie die Sieben Scheiben
Könnte es sein, dass Sie die Schwierigkeiten unterschätzt haben oder einfach zur falschen Zeit etwas erzwingen wollten?

Als Zauberformel des Tages sagen die Sieben Scheiben
Ich warte, bis der Wind wieder günstig steht.
Wenn ich einen Fehler mache, finde ich auch eine passende Lösung.

Acht Scheiben

Schreite achtsam voran, um nie zurückgehen zu müssen.

Oswald Wirth

BEHUTSAMKEIT

*Als magischer Spiegel verheißen di*e Acht Scheiben *für Ihre Zukunft* behutsame Entfaltung. Vor Ihnen liegt eine schöne Wegstrecke voller Möglichkeiten. Gehen Sie achtsam und nehmen Sie sich genügend Zeit.

In Liebe und Leidenschaft versprechen die Acht Scheiben
Geborgenheit. Genießen Sie die Früchte der Liebe in einem geschützten Rahmen. Lassen Sie sich verwöhnen und umsorgen Sie Ihre(n) Liebste(n).

Als Wink des Schicksals raten die Acht Scheiben
zu Fingerspitzengefühl. Überstürzen Sie nichts. Gehen Sie sorgsam und umsichtig vor. Dann werden Sie erleben, wie allmählich ein gutes Ergebnis heranreift.

Als Schattenkarte fragen die Acht Scheiben
Wo verkenne ich den Keim des Neuen? Wie oft verspiele ich eine gute dauerhafte Entwicklung für einen kurzfristigen Vorteil?

Wenn Sie nach der Ursache eines Problems suchen, fragen die
Acht Scheiben
Könnte es sein, dass Sie etwas überstürzt haben und die Zeit noch gar nicht reif war?

Als Zauberformel des Tages sagen die Acht Scheiben
Ich werde behütet und bin geborgen.
Ich hege und pflege, was mir anvertraut wurde.

Neun Scheiben

Du bist zu schnell gelaufen für dein Glück. Nun, da du müde wirst und langsam gehst, holt es dich ein.

Friedrich Nietzsche

GLÜCKSFALL

Als magischer Spiegel verheißen die NEUN SCHEIBEN *für Ihre Zukunft* glückliche Zeiten. Was Sie vielleicht schon vor langer Zeit gesät haben, trägt jetzt üppige Früchte und wird Ihnen große Freude bereiten.

In Liebe und Leidenschaft versprechen die NEUN SCHEIBEN
einen neuen Frühling. Eine neue Liebe verzaubert Ihren Alltag oder eine alte erblüht aufs Neue. Ihr Glück hat eine gesunde Basis, auf die Sie bauen können. Es ist einfach wunderbar, wie eins zum anderen passt.

Als Wink des Schicksals raten die NEUN SCHEIBEN
Wagen Sie etwas. Das Glück ist auf Ihrer Seite und die Zeit ist günstig. Jetzt kann selbst das gelingen, was bislang immer schief gegangen ist.

Als Schattenkarte fragen die NEUN SCHEIBEN
Warum bin ich oft argwöhnisch, wenn etwas leicht geht oder mir einfach so zufällt?

Wenn Sie nach der Ursache eines Problems suchen, fragen Sie die
NEUN SCHEIBEN
Könnte es sein, dass Sie das Glück zu sehr herausgefordert haben? Oder passten die Dinge einfach nicht zusammen?

Als Zauberformel des Tages sagen die NEUN SCHEIBEN
Ich gebe dem Glück eine Chance.
Ich werde gewinnen.

Zehn Scheiben

Steck dein Interesse nicht ins Geld, sondern dein Geld in deine Interessen.

Oliver Wendell Holmes

REICHE ZEITEN

Als magischer Spiegel verheißen die Zehn Scheiben *für Ihre Zukunft* Sicherheit und Zufriedenheit. Sie sind tüchtig, wirtschaften gut und werden sich etwas Gutes aufbauen und ein wertvolles Ergebnis erreichen.

In Liebe und Leidenschaft versprechen die Zehn Scheiben reiche Zeiten. Vielleicht ist Ihnen ja wirklich eine millionenschwere Liebe über den Weg gelaufen. In jedem Fall aber sollten Sie jetzt die Augen für den Reichtum in Ihrer Beziehung öffnen.

Als Wink des Schicksals raten die Zehn Scheiben Ihren Reichtum zu erkennen. Machen Sie etwas aus Ihren Möglichkeiten, damit Sie nicht im Stillen vor sich hin rosten und verkümmern.

Als Schattenkarte fragen die Zehn Scheiben
Wie steht es mit meinem inneren Reichtum? Warum mache ich mir Sorgen und fühle mich arm, auch wenn ich genügend Geld habe?

Wenn Sie nach der Ursache eines Problems suchen, fragen Sie die Zehn Scheiben
Waren Sie vielleicht zu sehr am materiellen Erfolg fixiert? Oder könnte es sein, dass Ihr Besitz Sie besitzt?

Als Zauberformel des Tages sagen die Zehn Scheiben
Ich bin reich und genieße es.
Ich kenne mein Vermögen, denn ich weiß, was ich habe und was ich vermag.

Prinzessin der Scheiben

Wer auf der Erde steht, kann nicht aus allen Wolken fallen.

Hellmut Walter

BESTÄNDIGKEIT

Als magischer Spiegel verheißt die Prinzessin der Scheiben *für Ihre Zukunft*
fruchtbare Zeiten. Sie stehen mit beiden Beinen im Leben, bestellen Ihren Acker gut und werden daher eine reiche Ernte einholen.

In Liebe und Leidenschaft verspricht die Prinzessin der Scheiben
ein warmes Nest. Lassen Sie die Beziehung wachsen, genießen Sie in wohliger Vertrautheit eine ursprüngliche Sinnlichkeit. Vielleicht meldet sich Nachwuchs an? Achten Sie auf eine tatkräftige, junge Frau.

Als Wink des Schicksals rät die Prinzessin der Scheiben
Hegen und pflegen Sie, was Ihnen anvertraut wurde oder was Sie gesät haben. Dann werden Sie über das Ergebnis sehr glücklich sein. Seien Sie offen für den Impuls einer tüchtigen und patenten jungen Frau.

Als Schattenkarte fragt die Prinzessin der Scheiben
Wann habe ich das letzte Mal meine Liebe zur Natur gespürt? Warum bin ich nicht fruchtbar?

Wenn Sie nach der Ursache eines Problems suchen, fragt Sie die Prinzessin der Scheiben
Könnte es sein, dass Sie vielleicht zu gemächlich oder gar schwerfällig wirkten? Oder hat man Sie für zu nüchtern und fantasielos gehalten?

Als Zauberformel des Tages sagt die Prinzessin der Scheiben
Ich tue alles zu seiner Zeit.
Ich hege und pflege meinen Garten.

Prinz der Scheiben

Erbitte Gottes Segen für deine Arbeit, aber verlange nicht auch noch, dass er sie tut.

Karl Heinrich Waggerl

TÜCHTIGKEIT

Als magischer Spiegel verheißt der Prinz der Scheiben *für Ihre Zukunft* solide Ergebnisse. Sie haben die Kraft, das Geschick und die Ausdauer, Ihre Aufgaben richtig anzufassen und gekonnt zu vollenden.

In Liebe und Leidenschaft verspricht der Prinz der Scheiben warmblütige Sinnlichkeit. In einer wohligen Atmosphäre inniger Vertrautheit erblüht eine herzliche und beständige Verbindung. Achten Sie auf einen kräftigen jungen Mann.

Als Wink des Schicksals rät der Prinz der Scheiben
Nutzen Sie Ihre Talente. Bestellen Sie Ihren Acker gut und gründlich. Sie haben dazu die Kraft und die richtigen Fähigkeiten. Je beharrlicher Sie jetzt sind, umso reicher wird die Ernte ausfallen. Vertrauen Sie dem Rat eines fleißigen und tüchtigen jungen Mannes.

Als Schattenkarte fragt der Prinz der Scheiben
Wo ist meine Sinnesfreude geblieben? Warum halte ich nicht durch?

Wenn Sie nach der Ursache eines Problems suchen, fragt Sie der Prinz der Scheiben
Könnte es sein, dass Sie vielleicht zu stur und unbeweglich waren? Oder ging es Ihnen nur um den sinnlichen Genuss?

Als Zauberformel des Tages sagt der Prinz der Scheiben
Ich fange jetzt an und halte durch.
Ich genieße meine Arbeit.

Königin der Scheiben

Säe Glück auf deines Nachbarn Feld, und du wirst dich wundern,
was der Wind in deinem Garten wachsen lässt.

Juliette Saint-Gelais

TREUE

Als magischer Spiegel verheißt die KÖNIGIN DER SCHEIBEN *für Ihre Zukunft*
reife Früchte. Ihr Einsatz und Ihr Warten haben sich gelohnt. Bald werden Sie eine gute Ernte einfahren können.

In Liebe und Leidenschaft verspricht die KÖNIGIN DER SCHEIBEN
Treue und Warmherzigkeit. Genießen Sie vertraute Gerüche und Berührungen. Genießen Sie die Liebe. Achten Sie auf eine sinnliche, bodenständige Frau.

Als Wink des Schicksals rät die KÖNIGIN DER SCHEIBEN
zu Langmut. Haben Sie Geduld, dann werden sich die Dinge in Ihrem Sinne entwickeln. Vertrauen Sie auf den Rat einer geschickten Frau, die fest im Leben steht.

Als Schattenkarte fragt die KÖNIGIN DER SCHEIBEN
Wie steht es mit meiner Natürlichkeit? Warum werde ich zu schnell kurzatmig?

Wenn Sie nach der Ursache eines Problems suchen, fragt die KÖNIGIN DER SCHEIBEN
Könnte es sein, dass Sie sprunghaft und zu oberflächlich waren? Oder haben Sie einfach vorzeitig aufgegeben?

Als Zauberformel des Tages sagt die KÖNIGIN DER SCHEIBEN
Ich bin gut verwurzelt.
Ich habe genügend Zeit und viel Geduld.

Ritter der Scheiben

Es ist besser, Deiche zu bauen, als darauf zu hoffen,
dass die Flut allmählich Vernunft annimmt.

Heinz Kasper

STANDFESTIGKEIT

Als magischer Spiegel verheißt der Ritter der Scheiben *für Ihre Zukunft* Sicherheit. Sie haben Ihre Arbeit getan und können sich nun eine Pause gönnen, um das Erreichte zu genießen und wertzuschätzen.

In Liebe und Leidenschaft verspricht der Ritter der Scheiben Beständigkeit. Sie wissen, dass guter Wein mit den Jahren reift. Genießen Sie den Reiz des Vertrauten. Achten Sie auf einen soliden, zuverlässigen Mann.

Als Wink des Schicksals rät der Ritter der Scheiben zu einer ruhigen Hand. Bleiben Sie mit beiden Füßen auf dem Boden und konzentrieren Sie sich auf das, was Sie kennen und können. Vertrauen Sie auf den Rat eines besonnenen und erfahrenen Mannes.

Als Schattenkarte fragt der Ritter der Scheiben
Wie oft folgen meinen Absichten und Entschlüssen keine Taten? Verliere ich zu schnell den Boden unter den Füßen?

Wenn Sie nach der Ursache eines Problems suchen, fragt der Ritter der Scheiben
Könnte es sein, dass Sie zu vorsichtig waren und nur an die Sicherheit dachten? Oder hat man in Ihnen vielleicht einfach nur einen trockenen, fantasielosen Sturkopf gesehen?

Als Zauberformel des Tages sagt der Ritter der Scheiben
Ich hege, pflege und beschütze, was mir gehört.
Ich bin ein Mensch der Tat.

Wie zuverlässig ist der Ratschlag der Tarotkarten?

»Die Karten lügen nicht.« Diese berühmte und oft wiederholte Behauptung findet sich am Ende des Gedichts *Die Kartenlegerin* von *Adalbert von Chamisso*. Aber was ist davon zu halten? Kann man sich denn wirklich auf die Karten verlassen? Oder ist letztlich nicht doch alles nur reiner Zufall?

Ja, es ist ein Zufall, allerdings ein bedeutsamer. Und das ist ein Gedanke, mit dem sich mancher zunächst anfreunden muss. Für viele ist der Zufall ja etwas Belangloses, Willkürliches, manchmal auch Absurdes und sie verstehen nicht, wie man eine derart beliebige Konstellation so ernst nehmen kann, zumal man doch weiß, dass man gewiss andere Karten zieht, wenn man mehrmals hintereinander dieselbe Frage stellt.

Das stimmt zwar, beweist aber nichts, weil es ja gerade die Natur des Zufalls ist, dass er sich nicht systematisch wiederholen lässt. Etwas zu beweisen, indem man ein Experiment beliebig oft wiederholt und dabei stets zum selben Ergebnis kommt, ist eine erprobte und bewährte Methode in der rationalen Welt. Um einen reibungslosen Ablauf zu gewährleisten, schafft man dazu in einem Labor ein Umfeld, das zufällige Störungen ausschließt, so gut es irgend geht. Während dort also der Zufall der Störfaktor ist, den man unbedingt vermeiden möchte, ist er in der Welt der Orakel die wichtigste Informationsquelle. Deshalb lässt sich die Beweismethode nicht übertragen. Die Bedeutung einer Tarotlegung liegt tatsächlich in der einzigartigen, zufälligen Konstellation, in der sich die spezielle Qualität des Augenblicks spiegelt. Dass sie nicht wiederholbar ist, liegt in ihrer Natur und besagt nichts. Eine nahe liegende Parallele finden wir in der Welt der Träume, in der ein einziger Traum bedeutsam ist und nicht erst fünfmal hintereinander geträumt werden muss, um ernst genommen zu werden. Deshalb ist für eine Frage nur die erste Kartenlegung entscheidend. Eventuelle weitere Legungen haben dagegen eine untergeordnete oder keine Bedeutung.

Eine andere Erklärung verdanken wir der Psychologie. Man kann das Kartenlegen auch als einen Dialog mit dem Unbewussten betrachten, das in seiner symbolreichen Bildersprache über die Tarotkarten eine Antwort buchstabiert, die wir dann in die Sprache des Bewusstseins übersetzen müssen, um sie zu verstehen.

Dennoch haben wir beim Tarot natürlich ebenso wenig einen Zugang zu einer absolut richtigen, objektiven Wahrheit wie irgendwo sonst in dieser Welt. Dadurch wird die Antwort der Karten aber noch lange nicht beliebig oder belanglos. Die Zuverlässigkeit der Tarotaussage lässt sich gut mit dem Rat eines alten, weisen Menschen vergleichen. Es ist ein Ratschlag, den wir gern hören, den es ernst zu nehmen und zu beherzigen gilt. Aber natürlich sollte niemand dafür seine Seele verkaufen, sich davon abhängig machen oder sich dem Rat blind unterwerfen. »Tarot ist ein guter Diener – aber ein schlechter Herr«, heißt es, und in der Tat macht dieses Motto deutlich, wie man mit den Karten am besten umgeht. Wer sich den Rat der Tarotkarten zu Diensten macht, ist gewiss gut beraten. Wer sich ihnen dagegen unterwirft und das Haus nur noch verlässt, »wenn es die Karten erlauben«, macht ganz bestimmt etwas verkehrt.

DER AUTOR

HAJO BANZHAF, geboren am 15.5.1949, ist Astrologe und Deutschlands bekanntester Tarotexperte. Nach einem Studium der Philosophie und einer zwölfjährigen Banklaufbahn arbeitet er seit 1985 freiberuflich als Buchautor, Seminarleiter und als Astrologe. Hajo Banzhaf war viele Jahre lang der Herausgeber der Buchreihe »Kailash« im Heinrich Hugendubel Verlag München und ist Autor oder Coautor von 17 Büchern über Astrologie und Tarot, die in zahlreiche Sprachen übersetzt wurden.

Das ausführliche und ergiebige Deutungsbuch
Hugendubel Verlag

Das praxisnahe Taschenbuch
Goldmann Verlag